Richard Avenarius
Kritik der reinen Erfahrung

Avenarius, Richard: Kritik der reinen Erfahrung, Hamburg,
SEVERUS Verlag 2010.
Nachdruck der Originalausgabe, Leipzig 1888.

ISBN: 978-3-942382-04-5
Druck: SEVERUS Verlag, Hamburg, 2010

Bibliografische Information der Deutschen Nationalbibliothek:
Die Deutsche Nationalbibliothek verzeichnet diese Publikation in der
Deutschen Nationalbibliografie; detaillierte bibliografische Daten sind im
Internet über http://dnb.d-nb.de abrufbar.

Die digitale Ausgabe (eBook-Ausgabe) dieses Titels trägt die ISBN
9783942382052 und kann über den Handel oder den Verlag bezogen
werden.

© **SEVERUS Verlag**
http://www.severus-verlag.de, Hamburg 2010
Printed in Germany
Alle Rechte vorbehalten.

Der SEVERUS Verlag übernimmt keine juristische Verantwortung oder
irgendeine Haftung für evtl. fehlerhafte Angaben und deren Folgen.

seVERUS
  Verlag

Anmerkung des Herausgebers:

Auf Grund der Beibehaltung der zeitgenössischen Schreibweise sei der interessierte Leser darauf hingewiesen, dass das klassische „ß" hier „ſs" geschrieben wird.

Vorwort.

In meiner Spinoza-Schrift hatte ich mich bestrebt, die Entwicklung einer speciellen Weltanschauung als einen gesetzmäfsigen Procefs unter rein psychologischen Gesichtspunkten zu betrachten; in den Prolegomenen zur vorliegenden Arbeit, Wurzel, Aufgabe, Methode und Gestaltung der gesamten Philosophie als durch ein allgemeines Princip bestimmt zu denken. Dieses Werk endlich gelangt zu dem Versuch, alles theoretische Verhalten überhaupt — an sich und in seiner Beziehung zum praktischen, sowie im allgemeinen auch dieses selbst — als Folgen einer einzigen einfachen Voraussetzung aufzufassen.

Auf so erweiterter Grundlage mufste es gelten, die Erfahrung, auf welche die Untersuchung immer gerichtet bleiben sollte, doch nur als einen „besonderen Fall" zu behandeln, der zu seiner Bestimmung freilich zuvor diejenige des zugehörigen „Allgemeinen" zu verlangen schien. — Der Bedeutung der Erfahrung als eines Specialfalles entspricht dann auch die Stellung, welche ihre specielle Behandlung im Ganzen der folgenden Untersuchungen angewiesen erhalten hat.

Eine weitere Folge der angedeuteten Betrachtungsweise war, dafs, nach je mehr Seiten sich neue formale

Zusammenhänge des behandelten Erkennens erschlossen und je mehr neue materiale Einzelwerte zur Einfügung herzuströmten, desto mehr sich das Interesse an der inneren Einheit alles menschlichen Thuns entwickelte — im selben Maſse aber auch das Interesse an den auf die Erfahrung bezüglichen Fragen, wie solche die Schule formuliert, und an den zugehörigen Grundbegriffen, wie sie ihre Überlieferung sanktioniert, leider verkümmerte. — Zu meiner Entschuldigung kann ich nur auf dies Werk selbst verweisen, wo solche Verschiebungen des Interesses ihre allgemeine „Erklärung" finden.

Jedenfalls muſs ich nun aber darauf gefaſst sein, daſs mir der Vorwurf nicht erspart bleiben werde, die Kritik der reinen Erfahrung habe mit den ernsten und wichtigen Fragen, wie solche andere philosophische Untersuchungen gegenstandsverwandter Art mit Vorliebe behandeln, erschreckend wenig zu thun. In der That, es sind schlichte Probleme, die diese Kritik sich stellt, so schlicht, daſs der „wahre kritische Philosoph" voll mitleidigen Stolzes auf sie herabblicken wird. Aber immerhin dürften es Probleme sein, die, wenn sie auch an Wert und Würde weit hinter den andern zurückstehen, doch wenigstens hinsichtlich der Zeit ihrer Behandlung insofern den Vortritt verdienen möchten, als sie eben einfachere und allgemeinere Vorfragen zu betreffen scheinen.

Zunächst denn einige Worte über die Berechtigung des ganzen Versuches!

Da ist es vielleicht nicht unzweckmäſsig, sogleich zwei Voraussetzungen voranzuschicken, die ich, für den Augenblick und ohne auf diese Bezeichnung Gewicht zu legen, empiriokritische Axiome benennen möchte: das erste das Axiom der Erkenntnis-Inhalte, das zweite das Axiom der Erkenntnis-Formen.

Diese beiden Voraussetzungen liefsen sich etwa so formulieren:

1) Jedes menschliche Individuum nimmt ursprünglich sich gegenüber eine Umgebung mit mannigfaltigen Bestandteilen, andere menschliche Individuen mit mannigfaltigen Aussagen und das Ausgesagte in irgendwelcher Abhängigkeit von der Umgebung an: alle Erkenntnis-Inhalte der philosophischen Weltanschauungen — kritischer oder nicht kritischer — sind **Abänderungen** jener ursprünglichen Annahme.

Mit letzterem ist gesagt: zu welchen Ergebnissen auch z. B. ein Plato, ein Spinoza, ein Kant gelangen mochte — die Philosophen gewannen ihre Resultate durch positive oder negative Vermehrungen jener Annahme, die auch sie zu Anfang ihrer Entwicklung gemacht haben.

2) Das wissenschaftliche Erkennen hat keine wesentlich anderen Formen oder Mittel als das nicht-wissenschaftliche: alle speciellen wissenschaftlichen Erkenntnis-Formen oder -Mittel sind **Ausbildungen** vorwissenschaftlicher.

Mit letzterem ist gesagt: zu welchen Methoden es auch z. B. Mathematik und Mechanik bringen konnten — sie müssen sich in letztem Betracht auf einfache und allgemein menschliche Funktionen zurückführen lassen.

Für die Leser, welche diese beiden Sätze zugeben, hoffe ich das Vorhaben dieses Werkes — und nur darum handelt es sich hier — nun schneller motivieren zu können.

Wer zunächst den ersten Satz zugiebt, der dürfte gleichfalls zugeben, dafs es rätlich sei, auch bei der Behandlung unseres Untersuchungsgegenstandes von jener ursprünglichen Annahme **auszugehen** — und nicht von späteren Abänderungen derselben. Z. B. nicht von dem *„Bewufstsein"* oder dem *„Denken"* als dem *„unmittelbar Gegebenen"* oder *„unmittelbar Gewissen"* — und es mag schon hier zur Vorbeugung von allzu bereiten Mifsverständnissen betont werden, dafs das sog. „unmittelbare Gegebensein des Bewufstseins" u. Ä. schon der Ausflufs einer *Theorie* ist, welche, als ein specieller Fall der Variation der angeführten Annahme, durch Zuwuchs sehr verschiedenartiger und vielleicht auch sehr verschiedenwertiger *Erkenntnisse* in historischer Entwicklung entstanden ist. Vom „Bewufstsein" oder dem „Denken" — zum Zweck der Entwicklung eigener Ansichten über das Erkennen oder auch nur der Beurteilung derjenigen Anderer — „ausgehen", heifst im besten Falle also, um nicht einen drastischeren Vergleich zu gebrauchen, beim Ende anfangen!

Soviel zur Berechtigung des von der Kr. d. r. Erf. gewählten Ausgangspunktes. —

Giebt man aber zu, dafs von der ursprünglichen Annahme, wie sie angedeutet ward, ausgegangen werden durfte, so sollte man auch zugeben können, dafs wenn man nun von der Umgebung und dem aussagenden Individuum — eben in ihrem Verhältnis zur Umgebung — ausgeht, es dann wieder unrätlich sei: nachdem man kaum die „Einwirkung" der „Reize" auf das nervöse Centralorgan angemerkt hat, sofort von den Änderungen dieses Organs ab- und auf das „Bewufstsein" — das „Denken" — die „Vorstellungen" — des Individuums überzuspringen; statt vor allem die Änderungen, welche der „Reiz" im „gereizten" Centralorgan hervorrief, nach ihren verschiedenen Beziehungen weiter zu verfolgen und dann erst die Abhängigen zu den Änderungen des Organes aufzusuchen.

Hiermit, hoffe ich, sei der Weg, den die Kr. d. r. Erf. zur Beantwortung ihrer Fragen einzuschlagen gedenkt, einigermafsen gerechtfertigt. —

Wer alsdann den zweiten Satz zugiebt, wird wohl auch zuzugestehen geneigt sein, dafs es rätlich sei, nicht sofort oder ausschliefslich auf komplizierte und specielle Formen oder Mittel eines hochentwickelten „wissenschaftlichen" Erkennens zu reflektieren, sondern gerade auch das gewöhnliche Leben, das sich selbst überlassene natürliche und unbefangene Erkennen, aus welchem sich das wissenschaftliche entwickelte, und damit die Verwandtschaften der wissenschaftlichen mit den vorwissenschaftlichen Erkenntnis-Formen oder -Mitteln im Auge zu behalten.

Und im Anschlufs an diese eventuellen Zugeständnisse würde man auch vielleicht zugeben können, dafs es rätlich sei, ehe man daran ginge, die *„Möglichkeit"* bestimmter Arten von Erkenntnissen zu behandeln, doch erst·zu versuchen, das Erkennen ganz allgemein nach Beschaffenheit und Zusammenhängen zu beschreiben; und das heifst: dafs nicht eine materiale und specielle, sondern eine formale und allgemeine Theorie des menschlichen Erkennens das näherliegende Erfordernis ist.

Dies zur Erklärung, daſs die Kr. d. r. Erf. — am Maſsstab anderer „Kritiken" gemessen — mit so wenig hochgesteckten Zielen in deren hohe Gesellschaft sich wagt.

Und so viel also überhaupt zur Motivierung meines Versuches, — statt auf diesen oder jenen Philosophen — einfach auf den natürlichen Ausgangspunkt selbst „zurückzugehen", und — statt an Bücher — unmittelbar an die Sachen „anzuknüpfen". —

Anders als mit der Berechtigung des allgemeinen Vorhabens dieses Buches verhält es sich mir mit derjenigen seiner Veröffentlichung.

Der Entschluſs, die folgenden Untersuchungen nunmehr dem Druck zu übergeben, ist mir wahrlich nichts weniger als leicht geworden. Galt es doch, nicht nur einen intensiven subjektiven Widerwillen, sondern auch gar viele und groſse objektive Bedenken zu überwinden! Hätten nicht jüngere Forscher, die mit den hier niedergelegten Ansichten durch meine Vorlesungen bekannt und befreundet wurden, mir immer dringender nahe gelegt, daſs es sich nun nicht mehr darum handle, von einem *Recht* für mich Gebrauch zu machen, sondern eine *Pflicht* gegen sie zu erfüllen — ich gestehe, ich würde es vorgezogen haben, das Werk, von dessen mannigfachen Unvollkommenheiten niemand mehr als ich selbst überzeugt sein kann, lieber noch — wer weiſs, für wie lange? — zurückzubehalten, um es vorerst durch immer neue Zusätze und Verbesserungen in kleinen Schritten zu fördern in der Richtung auf das Ideal, das vor Jahrzehnten der eigene jugendliche Mut geahnt, seit vielen Jahren der reifenden Arbeit vorgeschwebt und das doch, je weiter ich fortschritt, desto weiter und weiter und dann endlich in unabsehbare Fernen zurückwich.

Erwähnt werde nur: die ungeheure Reichhaltigkeit des Stoffes, mit welcher schon die Prolegomena zu kämpfen gehabt, wuchs unaufhörlich — die Umkehr auf dem alten und das Verfolgen des neuen Weges heischte Zeit und Kraft mehr und mehr für sich.

Um nicht erdrückt zu werden, mufste ich mich entschliefsen, von einem gewissen Momente an lieber den Tadel auf mich zu laden, dies oder das, was das Leben — niedreres und höheres — oder die Litteratur — ältere und neuere — darbot, nicht genügend oder gar nicht beachtet zu haben, als noch immer weiteres Material zur Verarbeitung aufzunehmen; und vieles Andere, was dazu seit langem gesammelt worden war, mufste einstweilen zurückgestellt werden. Und um die Aufgabe, wie sie sich mir nun einmal entwickelt, überhaupt einigermafsen für mich lösbar zu machen, mufste ich dieselbe schliefslich teilen.

Das ist dann in der Art geschehen, dafs ich hier zunächst strenger als in den Prolegomenen zwischen *Kritik* und *System* der reinen Erfahrung unterschied und beides für die Behandlung völlig voneinander trennte. Womit freilich nicht gesagt ist, dafs Spuren der früheren, umfassenderen Anlage nicht doch hie und da noch sichtbar geblieben sein möchten.

Sodann schied ich die Untersuchung meines Gegenstandes selbst wieder vollständig von der kritischen Besprechung der Ansichten Anderer. Was in dieser Beziehung mir wünschenswert geblieben, wird sich an anderem Ort nachzuholen Gelegenheit finden.

Von den vielen hier in Frage kommenden Werken

sei nur die „Kritik der reinen Vernunft" genannt. — Als ich die Prolegomena zu diesem Buche schrieb, wählte ich für dasselbe den Titel „Kritik der reinen Erfahrung" nicht ohne Mitwirkung einer polemischen Absicht; heute — im Dienst der Philosophie um ein gut Stück älter geworden — verbinde ich mit der Bezeichnung dieses Buches eine bewufste Huldigung des Genius KANTs. Eine Vergleichung meiner geringen Arbeit mit seiner Riesenschöpfung lag mir damals und liegt mir auch heute vollständig fern. Aber freilich: eine Darlegung des Verhältnisses der Kritik der reinen Erfahrung zur Kritik der reinen Vernunft war ursprünglich mitbeabsichtigt; nun bin ich — wie von anderen früheren Absichten — auch hiervon zurückgekommen. Die Kantphilologie niedreren und höheren Ranges hat eine Entwicklung genommen, welche mich nicht einladet — selbst in dem besonderen Fall, dafs es mich direkt angehen möchte — an Kant-Fragen mich zu beteiligen. Und dann namentlich: in welchen Kreisen sollte ich Interesse für mein Verhältnis zu KANT voraussetzen, da ich ja gar nicht wufste, ob meine Arbeit selbst irgendwelche Kreise zu interessieren vermögen werde? — So grüfse ich denn ehrfurchtsvoll die Manen des grofsen Meisters IMMANUEL und bitte sie um Vergebung, wenn ich den „Büchern und Systemen", deren „Kritik" nicht meine Aufgabe bedeuten sollte, auch sein gewaltigstes Werk zuletzt doch beigezählt habe.

Mit dem Entschlufs, blofs die Sachen und nicht auch die Ansichten über die Sachen zu behandeln, hängt dann zusammen, dafs ich einerseits auf die Analyse verschiedener, meiner Meinung nach fehlgehender Erfahrungsbegriffe nicht eingetreten bin;

andererseits aber auch in der Kr. d. r. Erf. darauf verzichtete, die Berührungspunkte mit anderen Forschern als „Bestätigungen" zu verzeichnen. In dieser Hinsicht kann ich sagen, dafs ich kaum ein Buch oder nur eine Abhandlung eines Vertreters der wissenschaftlichen Philosophie aufgeschlagen habe, ohne mich in diesem oder jenem Punkte an einer Übereinstimmung zu erfreuen; aber nur, wo von ihnen eine Anregung oder Belehrung auf mich wirklich überging, hielt ich mich berechtigt, mir selbst den Zusatz von Citaten zu gönnen. Andere Autoren übrigens, als von denen bereits die Prolegomena zeugen, haben seither auf mich — wenn mein Bewufstsein mich nicht täuscht — nicht mehr im eigentlichen Sinne bestimmend eingewirkt; nur habe ich mich an W. WUNDT (speciell an seine, wie mir scheint, höchst fruchtbare Ausgleichung der „Erfahrungen über die funktionelle Scheidung der Organe mit dem Satz von der funktionellen Indifferenz der Elementarteile") enger angeschlossen. In hohem Mafse ermutigend waren für mich die Schriften ERNST MACHs, auf welche der philosophische Leser, wenn es dessen noch bedürfen sollte, hiermit aufmerksam gemacht sei.

Endlich hatte ich mich zu bescheiden: nichts geben zu wollen, als nur meine persönliche Ansicht— vielleicht, dafs sie der specifischen Vorbereitung auch einiger Anderer entspräche; nichts zu bieten, als einen tastenden Versuch, die Dinge einmal unter andersbestimmtem Gesichtspunkt zu betrachten — vielleicht dafs er Manchem zur Anregung diente. Mir war die Kritik zur Krisis geworden — vielleicht verhilft sie auch einem Andern zu einer wohlthätigen Krisis oder hilft ihm heraus aus einer, die ihm nicht wohlthut.

Wenn ich den Wert der Ergebnisse, zu denen ich gelangt bin, willig auf die Bedeutung eventueller Anregungen herabsetze, hoffe ich doch zugleich, den Umfang derselben als einen nicht allzu beschränkten bezeichnen zu dürfen. Wenigstens schwebte mir von Anfang an zugleich als Endziel vor, mit dem Versuch, die ersten Grundzüge einer allgemeinen Theorie des menschlichen Erkennens und Handelns zu zeichnen, das Bestreben zu verbinden, für eine Wissenschaftslehre überhaupt und im besondern für die Psychologie (im Sinne einer eigentlichen *Variationspsychologie*) und im Anschluſs daran namentlich für die wissenschaftliche Pädagogik, ferner für die Logik, Ethik und Ästhetik, für Rechtsphilosophie und Nationalökonomie, für die Sprachwissenschaft u. a. den Boden zu bereiten. Alle diese Wissenschaften behielt ich bei Entwurf und Ausführung dieses Werkes im Auge; freilich darf man in oder von der Kr. d. r. Erf. selbst nicht schon eine Wissenschaftslehre, eine Variationspsychologie, eine Logik u. s. w., und wenn auch nur in speciell markierten Hinweisen, erwarten wollen. Aber Anregungen vom Inhalt einer **allgemeinen Grundlegung** für diese Wissenschaften dürften ihre eigenen Grundbegriffe in wohl erkennbarer und leicht weiter zu verfolgender Weise Allen darbieten — Allen wenigstens, denen daran liegt, die wichtigsten Güter der Menschheit — die Sittlichkeit, das Recht, die Wissenschaft, den Staat überhaupt und die Gesellschaft, und d. h.: die individuelle und allgemeine Wohlfahrt — auf den denkbar **sichersten** Grund zu stellen, als welcher schlieſslich doch einzig und allein von der **wissenschaftlichen** Analyse zu erhoffen ist.

Wenn es mir genug sein soll, Anregungen zu bieten, so ist damit gesagt, dafs ich keinen Anspruch erhebe, fertige Resultate zu bringen. Namentlich wäre es meinerseits thöricht, nicht zu erwarten, dafs bei den Hunderten von Einzelbegriffen, die es anzuführen, bez. näher zu behandeln galt, nicht eine mehr oder minder grofse Anzahl derselben auch in anderen Bestimmungen oder in anderen Einordnungen denkbar sein sollten — und die Kritik und Weiterarbeit, wenn sie überhaupt dies Buch ihrer Beachtung würdigt, wird hier gewifs ein reiches Feld ihrer Thätigkeit finden.

Aber andererseits darf ich doch auch von der Einsicht der Kritik und Weiterarbeit erhoffen, dafs sie bei ihren Ausstellungen und Verbesserungen, die mir selbst am willkommensten sein werden, die Schwierigkeiten nicht verkennen werden, welche dem Versuch, eine so allgemeine Theorie, wenn auch nur als Skizze, zu entwerfen, die verwirrende Mannigfaltigkeit des Stoffes, die grofse Veränderlichkeit eines beträchtlichen Teiles desselben, die häufige Vieldeutigkeit der Bezeichnungen, die grofse Abstraktheit der meisten Begriffe, die geringe Unterstützung durch feste Angriffspunkte und sichere Methoden u. a. m. bereiten mufsten.

Zu den Einzelheiten, welche mancher Umbildung bedürftig, aber auch mancher Weiterbildung befähigt sein möchten, rechne ich übrigens nicht nur die von den Änderungen des nervösen Centralorgans abhängigen Werte (in Teil II, bez. III), sondern auch manche Begriffe, mit denen schon im I. Teil gearbeitet wird: hier werden nach und nach einige materiale Ausdrücke, welche der Bequemlichkeit ihres Gebrauchs einen vorläufigen Fortbestand verdanken, durch andere, rein formale, bez. quantitative zu ersetzen sein.

Für besonders dringend erachte ich letzteres allerdings nicht.

Daſs, um auch diesen Umstand nicht zu verschweigen, auf ihrem anderen Wege die Kr. d. r. Erf. zum Teil auch zu anderen Endergebnissen gelangte als die Prolegomena, wird wohl keiner besonderen Entschuldigung bedürfen. So glücklich ich sein würde, wenn die Kr. d. r. Erf. in sich selbst widerspruchslos geblieben wäre, so irrelevant dünkt es mich, ob sie nunmehr in dem einen oder andern Punkte den Prolegomenen widerspräche: sie ist dann eben in diesem Punkte über die ältere Arbeit hinweggeschritten.

Hinsichtlich der Darstellung ist versucht worden, nur die Sache walten zu lassen; diese aber möglichst so zu nehmen, wie sie sich gab: und zu den Sachen rechne ich hier auch die Weltanschauungen und Erkenntnisbegriffe der Menschen. Was in meinen Kräften stand, habe ich gethan, um etwaige Vorurteile, die mich selbst beeinflussen konnten, aufzuspüren und auszumerzen. Ernstlich war ich bemüht, eine Stellung über den Parteien zu gewinnen; alles zunächst als *wahr* zuzulassen, schien mir nicht naiver als damit den Anfang machen zu wollen, nichts als wahr anzunehmen. Zu dieser Stellungnahme half mir die Überzeugung, daſs es für mich jetzt nicht darauf ankomme, alte Fragen neu zu beantworten; sondern zu alten Antworten neue Fragen zu stellen. „Neu" — nun ja, wie es mir wenigstens den unmittelbaren Eindruck machte.

Wo mein Gegenstand nicht mehr selbst für sich zu sprechen vermochte, ist keine rhetorische Wendung hilfreich für ihn eingetreten. Was ich darzulegen hatte, liegt offen da. Eine, wie ich glaube, sorgfältige Gliederung breitet die Gedanken übersichtlich aus und wird alsbald hervortreten lassen, wo etwa ein Fehler am Material liegen sollte. Haben Verstöfse gegen die Normen der Logik sich eingeschlichen, sie finden in dem knappen Gewand keine gefällige Falte, um sich dem Auge des subjektiv minder beteiligten Lesers zu verbergen.

In anderer Beziehung habe ich es mir angelegen sein lassen, dem Mifsverstehen gewonnener Bestimmungen durch besondere technische Termini vorzubeugen. Eine angenehme Arbeit war dies keineswegs; ob es eine wohlangebrachte war, muss die Zukunft lehren. Unterläfst man es, einen relativ neuen Begriff just so, wie man ihn verstand und zum Unterschiede von seinen Verwandten kennzeichnen wollte, durch neue beziehungsfreie Ausdrücke festzuhalten, so hat man den bekannten Vorwurf des „neuen Weines in alten Schläuchen" zu befürchten; bildet man neue Termini, so droht die übliche Klage der „Erschwerung des Verständnisses". Kurz, auch hier gilt: was man thue, man hat es zu bereuen. Schliefslich mag ich aber lieber, gar nicht, als falsch verstanden werden; und so entschied ich mich für neue Bezeichnungen. Bei Bildung derselben war mir mafsgebend, dafs sie, wenn möglich, charakteristisch sein möchten — jedenfalls handlich. (Aus letzterem Grunde bin ich hie und da auch selbst vor philologisch bedenklichen Formen nicht zurückgeschreckt — sprachwidrige Verstümmelung des Suffixes und andere Vergehen, die ich demütig eingestehe, werden mir vorgeworfen werden.) Im übrigen habe ich bereits zu beobachten Gelegenheit gehabt, wie schnell sich bei einigem Entgegenkommen die vorgeschlagenen Termini einlebten und ihre guten Dienste thaten.

Wenn ich im ersten Teil darauf verzichtete, auf die **specielleren** Voraussetzungen physiologischer Einzelheiten einzugehen, so wufste ich wohl, welchen Schmuckes ich meine Darstellung beraubte; ich beschränkte mich aber — in Erinnerung an eine Warnung LOTZES — auf die allgemeinsten Voraussetzungen dieser Art, weil sie allein, die meinen Zwecken genügten (denjenigen des Specialforschers galt es hier nicht), doch schliefslich eine viel gröfsere Bürgschaft der Beständigkeit zu geben schienen als die speciellen.

Zur Veranschaulichung der abhängigen Werte habe ich in Teil II reichliche Beispiele den mündlichen oder schriftlichen Aussagen von Individuen verschiedenartigster Entwicklungsstufen entnommen; in beschränkterem Mafs sind Fälle zugelassen, bei denen ich selbst zum Leser in das Verhältnis eines Aussagenden getreten bin, z. B. in dem Fall des Uhrschlags (Anm. zu n. 491).

In Teil I wird dagegen vielleicht Mancher solche erläuternde Beispiele vermissen. Mir aber mufste gerade daran gelegen sein, da, wo ich es sach- und aufgabegemäfs nur mit blofsen Änderungsformen, Änderungsgröfsen und Änderungsreihen zu thun hatte, auch völlig rein in dieser formalen Sphäre und Betrachtungsweise zu verbleiben. Sowie ich den „psychischen Ausdruck", die „Bewufstseinsseite" dieser Änderungen oder wie man es sonst *nennen* will, herangezogen hätte, wäre die Darstellung nach Form und Inhalt in ein Hin- und Herschwanken und voraussichtlich gar bald in das Gebiet geraten, wo sie auf individuelle Meinungsverschiedenheiten, subjektive Wertschätzungen und gedankenfeindliche Affekte zu stofsen Gefahr laufen konnte. Hier, in der rein formalen Betrachtung von Änderungen des nervösen Centralorgans, scheint mir der einzige neutrale Boden erschlossen, auf dem sich die Fragen, welche in ihren subjektiven Formen unsere Leidenschaften zu erregen, so geeignet sind, dereinst werden völlig leidenschaftslos behandeln lassen.

Wenn ich zum Schlufs bedenke, wie wenig es ist, was ich nunmehr in greifbarer Gestalt vorlege, so fühle ich wohl, wie viel mehr es hätte sein können, hätte ich mich näher an das herkömmliche Verfahren gehalten. Wie viel mehr — in der gleichen Zeit, aber nicht mit der gleichen Last! Wie viel mehr, wie viel leichter — und wie viel dankbarer! Aber was überhaupt für m i c h zu erreichen war, konnte ich eben doch nur auf d e m Wege erreichen, welcher der m e i n e wurde.

Im übrigen: ein Anderer waren wir, als wir den Stab zur Wanderung nach dem fernen Land der Erkenntnis ergriffen — ein Anderer sind wir, wenn wir ihn niederlegen. Die kindliche Zuversicht, dafs just uns die „Wahrheit zu finden" gelingen werde, ist längst dahin; erst während des Fortschreitens erfuhren wir die eigentlichen Schwierigkeiten und an ihnen die Grenzen unserer Kräfte. Und das Ende? — — — Wenn wir nur zur Klarheit m i t u n s s e l b s t gelangten!

    Hottingen bei Zürich,
      Ostersonntag 1888.

R. A.

Inhalt.

	Seite
Vorwort	V

Einleitung.
Allgemeine Angaben über die Kritik der reinen Erfahrung   3

Erster Teil.
Unsere Umgebung und das System C.

Erster Abschnitt. Unsere Umgebung.

Kapitel 1. Allgemeine Begriffe	25
„ 2. Die Bestandteile	30
„ 3. Die Änderungen	40

Zweiter Abschnitt. Die Erhaltung des Individuums.

Kapitel 1. Allgemeines	59
„ 2. Das vitale Erhaltungsmaximum	64
„ 3. Die Schwankung	72
„ 4. Die unabhängige Vitalreihe	79

Dritter Abschnitt. Der Initialabschnitt der unabhängigen Vitalreihe.

| Kapitel 1. Die Vitaldifferenzen im allgemeinen | 85 |
| „ 2. Der auszuwählende Fall im besondern | 89 |

Vierter Abschnitt. Medial- und Finaländerungen der unabhängigen Vitalreihe.

Kapitel 1. Allgemeines	103
„ 2. Ausgewählte Fälle denkbarer Vermittelungen	107
„ 3. Die denkbaren Änderungen des Systems C als Vermittelungen	112
„ 4. Die Denkbarkeit bestimmter Medialänderungen für bestimmte Fälle	122
„ 5. Die Verwirklichung bestimmter Medialänderungen für bestimmte Fälle	126

Fünfter Abschnitt. Die Endbeschaffenheiten des Systems C als Glieder der unabhängigen Vitalreihe.

Kapitel 1. Die Annäherung der Endbeschaffenheiten 135
- 2. Die Konstitution der Endbeschaffenheiten 141
- 3. Die Veränderung der Endbeschaffenheiten 145
- 4. Rückblick auf die Bestimmung der Vitalreihe und der Schwankungen 150

Sechster Abschnitt. Die Systeme C höherer Ordnung.

Kapitel 1. Die Setzung der Systeme C höherer Ordnung überhaupt . 153
- 2. Die Erhaltung der positiven Kongregalsysteme 159

Siebenter Abschnitt. Die Variation der unabhängigen Vitalreihe durch die Weiterentwicklung des Systems C.

Kapitel 1. Die Variation der Vitalreihe als solcher 166
- 2. Die Variation der Finaländerung 174
- 3. Die vollkommenen Konstanten des Systems C 182

Achter Abschnitt. Die Variation der unabhängigen Multiponibeln denkbar höchster Ordnung durch die Weiterentwicklung des Systems C.

Kapitel 1. Die Annäherung der Multiponibeln denkbar höchster Ordnung an eine vollkommene Konstante 188
- 2. Anwendung auf die Vitalreihe höherer Ordnung 193

Anmerkungen 201

EINLEITUNG
ALLGEMEINE ANGABEN ÜBER DIE KRITIK DER REINEN ERFAHRUNG

I.

1. — Um Gegenstand, Aufgabe, Charakter, Methode, Standpunkt und Voraussetzungen unserer Untersuchung sogleich im allgemeinen anzugeben, verzeichnen wir vorerst — auf Grund alltäglicher Äußerungen der Individuen nicht weniger als historisch bedeutsamer Kundgebungen — die Annahme:

> es stehe ein beliebiger Bestandteil unserer Umgebung in einem solchen Verhältnis zu menschlichen Individuen, daß, wenn jener gesetzt ist, diese eine Erfahrung aussagen: *'Es wird etwas erfahren'*; *'es ist etwas eine Erfahrung'*, bez. *'aus der Erfahrung entsprungen'*, *'von der Erfahrung abhängig . . . .'*

Die Bezeichnungen „Äußerungen, Aussage, aussagen" etc. sind dem gewöhnlichen Sprachgebrauch der Individuen entnommen; wir behalten sie bei, weil uns die Gefahr, daß mit diesen Ausdrücken etwa verbundene theoretische Anschauungen stören könnten, nicht groß genug erscheint. Wir selbst verbinden mit jenen Wörtern keine weitere Theorie. — In anderen Fällen, wo uns die Beibehaltung der gebräuchlichen Ausdrücke minder unbedenklich erscheint, werden wir neue Bezeichnungen vorzuschlagen nicht wohl umhin können.

2. — In dieser Annahme fungiert der Umgebungsbestandteil als **Voraussetzung** des Ausgesagten; und es wird statuiert, daß wenn der Umgebungsbestandteil Voraussetzung des Ausgesagten ist, dieses als Erfahrung gesetzt sei. Wir nehmen in Bezug hierauf zunächst als den einfachsten Fall an, daß jener Umgebungsbestandteil Voraussetzung des Ausgesagten in dessen sämtlichen Komponenten — und dafs das Ausgesagte auch in allen seinen Komponenten als Erfahrung gesetzt sei.

Wir befassen die gemachte einfachste Annahme in folgenden

Satz A: Wenn Bestandteile unserer Umgebung als Voraussetzung eines Ausgesagten in allen seinen Komponenten anzunehmen sind, so ist das Ausgesagte auch in allen seinen Komponenten als Erfahrung anzunehmen.

3. — Die reine Umkehrung des Satzes A ergiebt den

Satz B: Wenn ein Ausgesagtes in allen seinen Komponenten als Erfahrung anzunehmen ist, so sind auch Bestandteile unserer Umgebung als Voraussetzung dieses Ausgesagten in allen seinen Komponenten anzunehmen.

Da Satz A sich aber nicht ohne weiteres als rein umkehrbar behandeln läfst, so läfst sich auch nicht Satz B ohne weiteres annehmen.

4. — Hingegen läfst sich dem Satz B ein erster Begriff **reiner Erfahrung** leicht entnehmen: nämlich der Erfahrung als eines Ausgesagten, welches in allen seinen Komponenten rein nur Bestandteile unserer Umgebung zur Voraussetzung habe.

Dieser Begriff reiner Erfahrung mag als **synthetischer** bezeichnet werden.

5. — Wir brauchen indessen, um zu einem Begriff reiner Erfahrung zu gelangen, nicht notwendig aus dem Bereich des Ausgesagten selbst herauszugehen.

Angenommen, es bestehe eine Erfahrung rein nur aus Komponenten, welche ebenfalls als gleichzeitige oder ursprüngliche Erfahrung ausgesagt werden können, so führte dies Ausgesagte zu einem zweiten Begriff reiner Erfahrung: als einer Erfahrung, welcher **nichts beigemischt ist, was nicht selbst wieder Erfahrung wäre** — welche mithin in sich selbst nichts anderes als Erfahrung ist.

Wir wollen diesen zweiten als den **analytischen** Begriff der reinen Erfahrung bezeichnen.

6. — Da der Satz B nicht durch reine Umkehrung aus dem Satz A gefolgert werden kann (vergl. n. 3), so fallen der synthetische und analytische Begriff der reinen Erfahrung nicht einfach zusammen. Gälte der Satz B, so fielen sie zusammen; und der Satz A wäre ein reciprokabler.

Ich bemerke, dass, wo etwa *Ausdrücke* an Kant erinnern sollten, es doch völlig dahingestellt bleibt, ob auch die *Begriffe* kantisch seien oder nicht.

II.

7. — Die gewonnenen Begriffe der reinen Erfahrung bestimmen ihrer Kritik die allgemeinen Aufgaben.

Satz A bezeichnet Bestandteile unserer Umgebung als Voraussetzung der Erfahrung. Der synthetische Begriff der reinen Erfahrung hat sich diese Annahme angeeignet; es wird zu untersuchen sein:

in welchem Sinn und Umfang können überhaupt Bestandteile unserer Umgebung als **Voraussetzung** der Erfahrung angenommen werden?

8. — Im analytischen Begriff der reinen Erfahrung haben wir es dagegen mit der Erfahrung in sich selbst zu thun, sofern sie eben nichts enthält und nichts ist als Erfahrung: eine Thatsache oder ein Phänomen oder sonst ein Etwas bestimmter Art, wie Schmerz und Glauben auch in sich selbst eine Thatsache oder

ein Phänomen oder sonst ein Etwas bestimmter Art sind. In dieser Hinsicht haben wir demnach zu untersuchen:

> in welchem Sinn und Umfang können ausgesagte Werte überhaupt als **Erfahrung** angenommen werden?

9. — Das Auseinanderfallen des synthetischen und des analytischen Begriffs reiner Erfahrung läfst es denkbar, dafs ein Ausgesagtes in allen seinen Komponenten als Erfahrung gesetzt sei, ohne dafs zugleich Bestandteile unserer Umgebung als Voraussetzung desselben in allen seinen Komponenten anzunehmen seien. Es erhebt sich die Frage:

> in welchem Sinn und Umfang fallen der synthetische und der analytische Begriff auseinander und kann ihr **Zusammenfallen** angenommen werden?

III.

10. — Vorausgesetzt, dass der Versuch, jene Aufgaben zu lösen, überhaupt zu irgendwelchen positiven, unter einander organisch zusammenhängenden Ergebnissen gelange, wird die Gesamtheit der anzustellenden Untersuchungen den Charakter einer Theorie der Erfahrung tragen.

Diesen engeren Charakter würde indessen der folgende Versuch nur dann bewahren können, wenn sein Gegenstand nicht über sich selbst hinaus wiese. Aber schon wenn wir Erfahrung in einem solchen Zusammenhang mit einem der principiell wichtigsten Werte, der Erkenntnis, anzunehmen hätten, dafs Erfahrung eine Art der Gattung Erkenntnis wäre, müfsten wir den Kreis unserer Untersuchungen auch auf die Erkenntnis überhaupt ausdehnen; und das um so mehr, als wir nicht einen allgemein angenommenen, feststehenden Begriff der Erkenntnis voraussetzen dürfen, so dafs etwa die Bestimmung des Artunterschiedes genügte, um die Erfahrung selbst bestimmt zu haben.

11. — Würde aber nach dem Gesagten die Erkenntnis erst selbst zu bestimmen sein, so würde sich ebendamit der engere Charakter einer Theorie der Erfahrung dem weiteren einer **Theorie der Erkenntnis** annähern müssen.

Und zwar, im Gegensatz zu allen Theorien, welche mehr oder weniger doch nur auf die Bestimmung, bez. *Begründung* dessen ausgehen, was speciell der Autor oder die Schule, der er sich angeschlossen hat — im Unterschied von anderen Autoren und Schulen — unter „Erkenntnis" verstehen; also im Gegensatz zu allen speciellen Erkenntnistheorien würde dies der Charakter einer **allgemeinen** Theorie der Erkenntnis sein. Das hiefse: einer Theorie, die das Erkennen nach seinem allgemeinen Begriff zu ihrem Gegenstande hätte.

12. — Wenn aber der Zusammenhang der Erfahrung mit der Erkenntnis zu allgemein erkenntnistheoretischen Untersuchungen drängen müfste, so würden gerade diese wieder zu einer ferneren Erweiterung unseres Untersuchungskreises führen. Es ist vergleichsweise leicht, im Sinne einer speciellen Erkenntnistheorie zu bestimmen: 'Dies ist das Seiende, dies sind die Erkenntnismittel (Vermögen, Organe), dies die Erkenntnis' u. s. f. Es ist dabei schon — mehr oder minder unwissentlich und unwillentlich — das Seiende als solches, der Begriff des Erkennens u. a. m. nach irgendwelcher Norm bestimmt worden. Einer allgemeinen Erkenntnistheorie müfsten dagegen gerade die allge-

meinen Normen, denen gemäſs die Individuen das Sein und das Erkennen, das Erfahrbare und Unerfahrbare, das Erkennbare und Unerkennbare, das Sichere und das Fragliche u. s. w. — ja selbst deren Norm, nach welcher sich ihr Verhalten den Umgebungsbestandteilen gegenüber als Erkennen oder aber Handeln bestimmt, erst nur Gegenstände der Nachforschung sein. — Und soweit wir solche Probleme berührten, würden unsere Untersuchungen den Charakter einer allgemeinen Theorie der menschlichen Normen erwerben.

13. — Nun fällt es aber in den Bereich unserer Annahme, daſs gerade in besonders wichtigen Fällen die Individuen die Erfahrung nicht schlechthin, sondern in engstem Zusammenhang mit der Erkenntnis, bez. Erfahrung als eine Art Erkenntnis, und beide, Erfahrung wie Erkenntnis, in einer wesentlichen Beziehung auf Seiendes und Nicht-Seiendes, Wahres und Unwahres, Gewisses und Ungewisses, Unbekanntes und Unerkanntes u. s. f. — also in einer wesentlichen Bestimmtheit gemäſs jenen angedeuteten allgemeinen Normen aussagen. Und so müssen wir denn, wenn wir auch nur die Erfahrung als solche untersuchen wollen, doch jene Zusammenhänge und Verhältnisse in den Kreis unserer Nachforschung mit einbeziehen.

Das aber heiſst: unsere Kritik der reinen Erfahrung wird zwar zunächst und durchgehends im Geist einer **Theorie der Erfahrung** anzustellen sein; das schlieſst jedoch nicht aus, sondern bedingt vielmehr, daſs sie zugleich im Sinne einer **allgemeinen Erkenntnistheorie** gehalten und der Bedeutung einer **allgemeinen Theorie der menschlichen Normen** nicht völlig entzogen sei.

Über das Verhältnis von Erfahrung und Erkenntnis zu einander ist an dieser Stelle gar nichts weiter auszumachen — also auch nicht darüber, ob etwa alle Erkenntnisse aus ursprünglichen Erfahrungen stammen und nicht ebensowohl alle Erfahrungen aus ursprünglichen Erkenntnissen abgeleitet werden könnten; oder ob Erkenntnis nicht ebensowohl als eine Art Erfahrung, wie Erfahrung als eine Art Erkenntnis angenommen werden dürfe. Ich möchte nur als bedeutsame Fälle, in welchen Erfahrung als eine Art Erkenntnis faktisch von andersartigen Erkenntnissen unterschieden wird, die folgenden anmerken: Viele Individuen sagen eine *Erkenntnis* Gottes aus — aber als eine solche, welche nicht *Erfahrung* sei; und schätzen die Erfahrung als eine niedrere Erkenntnis. Andere Individuen, welche die *Erkenntnis* Gottes gerade in Abrede stellen, sagen gleichwohl Erkenntnisse aus, denen gar nichts *Empirisches* beigemischt ist; und scheinen denselben ebenfalls in gewissem Sinne eine höhere Dignität vor den empirischen zuzuschreiben.

IV.

14. — Es wird nahe liegen, die n. 7—9 formulierten Aufgaben durch eine unmittelbare kritische Beurteilung der partiellen oder totalen Berechtigung oder Nicht-Berechtigung der Annahme, von welcher wir ausgegangen sind, lösen zu wollen.

Allein, wenn wir nicht einem naiven Kriticismus verfallen wollen, könnten wir darüber: mit welchem *Rechte* jene Annahme gemacht oder angeeignet wurde — in welchen Stücken sie etwa *haltbar* oder *unhaltbar* sein möchte, jedenfalls wenigstens so lange nichts entscheiden, als noch gar nicht bestimmt ist, was überhaupt unter den verschiedenen Momenten der zu Grunde gelegten Annahme zu verstehen sei. Und um das zu bestimmen, verfügten wir wiederum, wenn wir uns nicht von vornherein einer der vielen Erkenntnistheorien blindlings überantworten wollen, über kein anderes Mittel, als die verschiedenen angenommenen Momente einfach zu analysieren.

Die Methode, deren Anwendung wir zur Beantwortung unserer gestellten Fragen zu versuchen haben, ist mithin jene Analyse.

V.

15. — Man kann eine Analyse irgendwelcher Art nicht anstellen, ohne irgend einen Standpunkt einzunehmen, von dem aus man sie anstellt. Sollen Autor und Leser zu gemeinsamen analytischen Ergebnissen gelangen, so müssen sie von einem gemeinsamen Standpunkt ausgehen. Es liegt mir mithin ob, einen gemeinsam einzunehmenden Standpunkt vorzuschlagen. Lehnt der Leser meinen Vorschlag ab, weil er sich nicht entschliefsen kann oder will, den angegebenen Standpunkt zu teilen — nun, so mufs ich eben die Hoffnung, mich mit ihm zu verständigen, einstweilen aufgeben.

16. — Als Standpunkt schlage ich denjenigen vor, welchen die griechische Überlieferung bereits zu Anbeginn ihrer „Wissenschaft" dem „Philosophen" zuweist: er steht im Gewühl des Marktes, aber nicht als Käufer oder Verkäufer, sondern als Beschauer des ganzen Treibens; er zieht durch entfernte Lande und verkehrt mit fremden Völkern, aber nicht wegen irgendwelcher niedrerer oder höherer Geschäfte, sondern der Betrachtung willen.

17. — Und zwar meine ich diesen Standpunkt zunächst ganz wörtlich und örtlich: Wir stehen einerseits den Bestandteilen unserer Umgebung, andererseits den menschlichen Individuen in derselben örtlichen Bestimmtheit gegenüber, wie der Reisende der fremden Landschaft und ihrer Bevölkerung, wie der Zuschauer auf dem Markt oder im Theater dem Schauplatz und dem Publikum.

In denjenigen Untersuchungen, deren Gegenstand die menschliche Erkenntnis bildet, scheint ein geheimnisvoller Zwang zu bestehen, den Standpunkt möglichst erhöht oder möglichst vertieft, möglichst abstrakt oder mindestens möglichst principiell zugespitzt zu wählen. Wohin man von diesen in ihrer Art gewifs erhabenen und vornehmen Standpunkten gelange, zeigt der zerfahrene Zustand der heutigen Philosophie.

Diesen Zustand ändern zu wollen, steht mir fern; aus den folgenden Untersuchungen selbst wird hervorgehen, warum ich solches Wollen nicht hegen kann. Ich möchte mich nur entschuldigen, wenn ich versuche, einmal einen bescheideneren Standpunkt für die Untersuchung zu beanspruchen und für bescheidenere Ansprüche zu untersuchen.

VI.

18. — Sofern sich aus der Annahme, welche wir n. 1 angeführt haben, Gegenstand, Aufgabe, Charakter, Methode und Standpunkt des folgenden Versuches ableiten lassen, läfst diese Annahme selbst sich als die Voraussetzung unserer Kritik oder, kurz und technisch, als die empiriokritische Voraussetzung bezeichnen.

Und zwar zunächst nur in dem Sinne, dafs jene Annahme eben am meisten geeignet scheinen möchte, das Unternehmen einer Prüfung der Erfahrung als solcher einfach und bequem in Gang zu bringen.

Sodann aber auch in dem Sinne, dafs sie zugleich alle Voraussetzungen überhaupt umfasse, deren die Durchführung des geplanten Unternehmens bedürfen sollte.

19. — Um zu sehen, was die Annahme an Nötigem enthalte und was zu enthalten sie nicht nötig habe, heben wir vor allem hervor, dafs sie von dem örtlichen Standpunkte aus gemacht ist, welchen wir n. 17 angegeben haben; und dafs sie sowohl jeden beliebigen Bestandteil jeder jeweiligen, durch einen beliebigen Standort bestimmten Umgebung als auch alle

beliebigen menschlichen Individuen, sofern sie nur zu irgendwelcher Aussage dessen, was sie erfahren, befähigt gedacht werden können, umfaſst.

20. — Wir halten also den angegebenen Standpunkt inne und bleiben innerhalb unserer Annahme, mögen einerseits die Bestandteile unserer Umgebung als Pflanzen oder Steine, als Berge oder Bäche, als Mond oder Sonne, als Erde oder Himmel, als Tiere oder selbst wieder als Menschen zu bezeichnen sein; und mögen andererseits die menschlichen Individuen als „geniale" oder „gewöhnliche" zu denken sein, als Kinder oder Wilde, als Naturforscher oder Theologen, als allesvermischende Begriffsalchymisten oder alleszermalmende Kriticisten. — Nicht anders als dem Getriebe des Kaufhauses oder der Parlamente stehen wir den Philosophen, ihren Parteien und ihrem Streit gegenüber.

Immer nehmen wir an: uns örtlich gegenüber einerseits eine Umgebung mit mannigfaltigen Bestandteilen, andererseits menschliche Individuen mit mannigfaltigen Aussagen; und die Umgebungsbestandteile als Voraussetzungen des Ausgesagten.

21. — Und sodann, wenn wir die angeführten Momente auch nur in dem Sinne annehmen, daſs sie die *Voraussetzungen* einer Kritik der reinen Erfahrung abgeben, so nehmen wir doch alles das Bezeichnete nicht als bloſse Bezeichnungen oder als vage Phantome und leere Schemen an; sondern die Umgebungsbestandteile in all ihrer physikalischen und chemischen, die menschlichen Individuen in all ihrer anatomischen und physiologischen, normalen und anormalen Bestimmtheit und Veränderlichkeit; und behandeln somit eine jedwede Bestimmtheit und Veränderung

solcher Art als in der Breite unserer empiriokritischen Voraussetzung gelegen.

22. — Und ebenso alle **Unterschiede**, wie sie in Bestimmtheit und Veränderung gesetzt sind. So nehmen wir — als Voraussetzungen unserer Untersuchung — bei den **Umgebungsbestandteilen** Unterschiede an einerseits der Beschaffenheit, und diese wieder in qualitativer und quantitativer Hinsicht; andererseits der Anordnung, und diese wieder in räumlicher und zeitlicher Hinsicht; nach einer dritten Seite Unterschiede der Einfachheit und Kompliziertheit, und nach einer vierten Seite Unterschiede der Häufigkeit oder Seltenheit, Gleichartigkeit oder Ungleichartigkeit, in welcher sie in der Umgebung wiederkehren.

23. — Diesen Unterschieden in den Umgebungsbestandteilen entsprechend nehmen wir auch die **Änderungen** der letzteren an als solche der quantitativen oder qualitativen Beschaffenheit, der räumlichen oder zeitlichen Anordnung und der Zusammensetzung; und nehmen alle diese Änderungen wiederum an als häufig oder seltener, als gleichartig oder ungleichartig wiederkehrende. U. s. f.

24. — Was ferner die **menschlichen Individuen** betrifft, die wir als Aussagende voraussetzen, so nehmen wir sie als hochentwickelte Organismen an, welche von Eltern und Voreltern abstammen, von einem Vater gezeugt, von einer Mutter empfangen und geboren sind, in sprachlicher Gemeinschaft aufwachsen und leben — und nach einer Zeit der Erhaltung sterben werden. Wir nehmen sie an mit allen Änderungen, wie sie die physiologischen Prozesse der Ernährung, des Wachstums, der Bewegung, der Sekretion, der Fortpflanzung u. s. f. zusammensetzen.

25. — Und in Beziehung auf die von menschlichen Individuen gemachten Aussagen, welche die empiriokritische Voraussetzung in sich schliefst, nehmen wir, wie wir die Individuen nicht als blofse Schemen annehmen, so auch ihre Aussagen nicht als blofse Geräusche und Klänge an, sondern als Worte, d. h. als lautliche Symbole für Wahrnehmungen, Erinnerungen, Gedanken etc., oder mindestens als Interjektionen, mit denen etwa eine Überraschung zusammenhängt. Aber ebenso nehmen wir auch die „Sekretion der Thränendrüsen" in vielen Fällen als Weinen an, d. h. als Konkomitanz einer schmerzlichen Stimmung; die „stofsweise unterbrochene Exspiration" als Lachen, d. h. als Konkomitanz eines heiteren Affektes; gewisse Bewegungen innerhalb der Stirn- und Augenpartieen als Konkomitanz eines Aufmerkens oder Zerstreutseins, der Frage oder Entschiedenheit, des Verstandenhabens oder des Unklarseins u. s. w.: sodafs auch diese Bewegungen unter Umständen für uns die Bedeutung einer Aussage erhalten können.

VII.

26. — So wünschenswert es ist, die Bestandteile unserer Umgebung und die Werte, welche der Aussage eines Individuums als Ausgesagtes zugeordnet werden, schon hier auch in gebräuchlichen Benennungen zu unterscheiden, so erschwert dies doch der Umstand, dafs solche Ausdrücke bereits aus irgendwelchen gewohnheitsmäfsig gewordenen Anschauungen hervorgegangen sind und dann das Bezeichnete leicht in dieselben zurückleiten.

Um uns nun vor den Theorien, die mit den herkömmlichen Ausdrücken der Physiker und Physiologen, der Psychologen und Philosophen verwachsen sind — so verwachsen, dafs vielfach die Verwachsung selbst unbemerkt bleibt —, um uns also vor dem vorzeitigen Einflufs der Theorien, soviel als wir vermögen, zu schützen, bezeichnen wir jeden der Beschreibung zugänglichen Wert, sofern er als Bestandteil unserer Umgebung vorausgesetzt wird, einfach mit R.

27. — Und dagegen: jeden der Beschreibung zugänglichen Wert, sofern er als Inhalt einer Aussage eines anderen menschlichen Individuums angenommen wird, bezeichnen wir einfach mit E.

28. — Wie wir Wahrnehmungen und Erinnerungen, Gedanken und Gefühle etc. in Bezug auf andere menschliche Individuen wohl nur anzunehmen vermögen, sofern sie in der Voraussetzung unserer selbst enthalten sind; so nehmen wir sie in Bezug auf die anderen Individuen im allgemeinen auch nur im selben Sinne an, in welchem sie Bestandteile der Voraussetzung unserer selbst sind.

29. — Im besondern nehmen wir diese mit E bezeichneten Werte — die E-Werte, wie wir kurz sagen wollen — nicht wie starre Bestimmungslosigkeiten als Voraussetzungen unserer Kritik an, sondern als veränderlich und vielfältig bestimmt; und ebenso setzen wir sie nicht nur in den relativ einfachsten, sondern auch relativ kompliziertesten, in den natürlich primitivsten als auch geschichtlich hochentwickelten Formen voraus.

30. — Die sämtlichen Einzelheiten dieser Art haben wir so wenig anzuführen, wie diejenigen der Umgebungsbestandteile; aber es mag rätlich sein, hier

wenigstens einen Unterschied aus der allgemeinen Annahme der E-Werte nicht unangemerkt zu lassen, der sich besonders als wertvoll geltend machen dürfte und bereits die relativ einfachste Wahrnehmung zu betreffen scheint.

Es ist nämlich in unserer empiriokritischen Voraussetzung überhaupt auch eingeschlossen, daſs die menschlichen Individuen E-Werte nicht nur mit Ausdrücken wie 'grün', 'blau', 'kalt', 'warm', 'hart', 'weich', 'süſs', 'sauer' u. s. w. bezeichnen, sondern auch mit Benennungen wie 'angenehm', 'unangenehm', 'schön', 'häſslich', 'wohlthuend', 'widerwärtig' u. s. w.

Sofern nun ein E-Wert näher angegeben werden kann durch Ausdrücke der ersten Art ('grün', 'süſs', 'Ton a'), wollen wir ihn nach dieser Seite bezeichnen als ein **Element**. Sofern er aber näher angegeben werden kann durch Benennungen der letzteren Art ('angenehm', 'unangenehm'), bezeichnen wir ihn als einen **Charakter**; und wollen bis auf weiteres alles zu den Charakteren rechnen, was zu einem andern E-Wert in einem analogen Verhältnis steht wie das 'Angenehme', 'Unangenehme' u. s. w. zu dem gleichzeitig gesetzten E-Wert einer 'Farbe', eines 'Tones', 'Geruches', 'Geschmackes' u. s. w.

VIII.

31. — Wir haben endlich noch einen Blick auf die Umgebung zu werfen, sofern sie für irgendwelche Bestimmtheiten oder Änderungen der menschlichen Individuen die Voraussetzung abgiebt. Unsere allgemeine empiriokritische Voraussetzung umfaſst ein solches Verhältnis der Umgebung zu den menschlichen Individuen

nach zwei Richtungen, deren erste bereits in n. 1 zum Ausdruck kam, deren zweite sich aus den Bestimmungen ergiebt, die wir mitvoraussetzen, wenn wir überhaupt menschliche Individuen annehmen.

Hinsichtlich der ersteren Richtung enthält unsere Voraussetzung aber nicht nur den Fall, dafs, wenn ein beliebiger Umgebungsbestandteil R gesetzt wird, etwa eine beliebige Erfahrung oder sonst ein beliebiger E-Wert ausgesagt werde; sondern auch den Fall, dafs, wenn — wie z. B. in jedem chemischen oder physikalischen oder physiologischen Experiment — Variationen der R-Werte gesetzt werden, die Aussage der menschlichen Individuen ihrerseits mit Variationen der E-Werte folgt. In solchen Fällen umschliefst unsere empiriokritische Voraussetzung 2 Reihen:

1) $R, R', R'', \ldots R^{(n)}$
2) $E, E', E'', \ldots E^{(n)}$

deren Glieder bei der einen in der Umgebung unserer selbst, bei der anderen innerhalb des Ausgesagten andererer Individuen verlaufen; und impliziert zugleich, dafs, sofern diese den Variationen jener in bestimmter Weise folgen, die Glieder der zweiten Reihe $E, E', E'', \ldots E^{(n)}$ von den Gliedern der ersten $R, R', R'', \ldots R^{(n)}$ irgendwie **abhängig** anzunehmen sind.

32. — So wie wir aber die Abhängigkeit der Werte der zweiten Reihe von denjenigen der ersten in unserer empiriokritischen Voraussetzung enthalten annehmen und bereits früher einerseits die Umgebungsbestandteile R mit Bestimmtheiten der Beschaffenheit, der zeitlichen und räumlichen Verhältnisse u. s. f., andererseits die menschlichen Individuen mit Bestimmtheiten physiologischer und anderer Art versehen angenommen haben; so umfafst unsere allgemeine Voraus-

setzung auch speciell die Annahme, daſs sich die E-Werte — in ihrer Abhängigkeit von R-Werten — sowohl je nach der **Beschaffenheit** von R, der Dauer der **Zeit**, in welcher es gesetzt ist, der **Entfernung**, in welcher es sich vom Individuum befindet, je nach seiner räumlichen und zeitlichen **Anordnung** u. dgl., als auch je nach den physiologischen Umständen, in denen sich das Individuum infolge der Temperatur, des Luftdruckes u. dgl. befindet, zu modifizieren vermögen.

33. — Ferner umfaſst unsere allgemeine, empiriokritische Voraussetzung folgende specielle Annahmen:

a) Wenn dasselbe R zu verschiedenen Malen gesetzt wird, so ist nicht für jedesmal **ein und derselbe** E-Wert als zugehörige Abhängige anzunehmen.

So kann von einem Kinde ein Kreis das eine Mal als Teller, das andere Mal als Mond; ein Quadrat das eine Mal als Bonbon, das andere Mal als Tisch *gesehen* werden. — Bleibt der R-Wert längere Zeit gesetzt, so folgen sich zuweilen die verschiedenen E-Werte unmittelbar: eine freilich höchst problematische Figur, die einen Baumstumpf darstellen sollte, wurde später von ihrem Zeichner selbst in einem ersten Moment allerdings als Baumstumpf, in einem zweiten aber als Merkurhut — von einem anderen unbefangenen Beschauer jedoch in einem ersten Moment als Schwein und im zweiten als Hut *gesehen*. Wenn ein Wort genannt wird, kann darunter zuerst die eine Bedeutung, sodann eine zweite, dritte, ... n^{te} *verstanden* werden; ebenso können bei Nennung von Personennamen successiv verschiedene Individuen, die den gleichen Namen tragen, *im Geiste angeschaut* werden. In einem Falle *hörte* ein Individuum — es war an einem Winterabend — ein Geräusch in einem ersten Moment als den fernen Jubel von Schlittenfahrern, in einem zweiten Moment als vom Haus herabfallenden Schnee; ein anderes Individuum *hörte* im selben Geräusch zuerst den Haushund, der eine Katze jage. In einem anderen Falle *sah* ein Individuum in einem Fenster, seiner Wohnung gegenüber, etwas Weiſses; es entwickelte sich folgende Reihe von Werten, *was das sein* konnte: Gardine; weiſser Anstrich; vorgeklebtes Papier; reflektiertes Licht.

34. — b) Wenn bei gesetztem R ein E-Wert als zugehörige Abhängige angenommen wird, so ist doch nicht die Setzung nur dieses einen E-Wertes anzunehmen; vielmehr können bei demselben R doch verschiedene E-Werte, und es kann jeder E-Wert als Anfangsglied einer mehr oder minder grofsen Reihe E_1, E_2, ... E_n angenommen werden.

An denjenigen E-Wert, welcher von einem bestimmten R-Wert bedingt wurde, reihen sich andere E-Werte mehr äufserlich an, d. h. ohne in die scheinbar unmittelbare Bestimmung dessen, was *gesehen, gehört* etc. wird, bez. was das *Gesehene, Gehörte* etc. *sei*, miteinzugehen: man *denkt* z. B. bei einem Bild, das man *sieht*, bei einem Namen, den man *hört*, bei einer Anekdote, die man *liest* etc., besonders häufig an Bilder, Namen, Anekdoten etc., welche dem erstgesetzten E-Wert ähnlich sind.

35. — c) Wenn R vorausgesetzt ist und eine Reihe E_1, E_2, ... E_n angenommen werden mufs, so darf nicht auch angenommen werden, dafs die einzelnen Glieder mit dem ersten, zu R gehörigen, **verwandt sein müfsten**; sondern es können auch **disparate** Elemente auftreten, so dafs von keinem E-Wert versichert werden darf, dafs er nicht einmal in eine sich bei gesetztem R entwickelnde Reihe einzutreten vermöchte.

Der Anblick einer bestimmten Frucht kann eine deutliche Geschmacksempfindung (z. B. der Säure) nach sich ziehen, und umgekehrt, eine Geschmacksempfindung die Vorstellung einer Frucht; ein Musikstück, das gehört wird, kann die Vorstellung eines Zimmers, in dem es einmal gespielt wurde, und der Anblick jenes Zimmers umgekehrt die Vorstellung des Musikstückes zur Folge haben; Gerüche können bestimmte Lebenslagen, in denen sie dereinst wahrgenommen wurden, vergegenwärtigen, und umgekehrt verwandte Lebenslagen jene bestimmten Gerüche. Ein Betrunkener versetzte beim Verlassen der Wirtschaft einer vorübergehenden Dame einen Schlag, und diese fühlte den Schlag noch längere Zeit wieder, wenn sie an jener Wirtschaft vorüberging. Mit einem Wort: jedes Element aus dem einen Sinnesgebiet kann sich mit solchen aus jedem anderen Sinnesgebiet, aber auch mit jedem Charakter — nach dem Sprachgebrauch der gewöhnlichen Psychologie — *associieren*.

36. — Es folgt hieraus,
1) dafs die E-Werte, welche bei Setzung eines

R-Wertes als Abhängige desselben (n. 33) oder als Anschlufs an diese Abhängige (n. 34 u. 35) gesetzt werden, eine **Vielheit** darstellen können, deren Elemente sich in eine Reihe ordnen;

2) dafs die Anzahl von E-Werten, welche bei gesetztem R-Wert in eine solche Reihe zu treten vermögen, der Denkbarkeit nach eine unbestimmt grofse, der Wirklichkeit nach als eine **Auswahl** aus dem unbestimmt vielen Denkbaren angenommen werden kann.

Hierbei sind die zur Auswahl stehenden E-Werte als um so mannigfaltiger anzunehmen, je mannigfaltigere R-Werte die Setzung von E-Werten innerhalb der Entwicklung des Individuums (durch fortgeschritteneren Unterricht, durch reichere Erlebnisse etc.) bereits bedingt haben.

<small>Die Ausdrücke „Denkbarkeit" und „Wirklichkeit" nehme ich hier im Sinne des gewöhnlichen Sprachgebrauchs; eine nähere Bestimmung derselben folgt.</small>

IX.

37. — Aber nicht nur als Voraussetzung auszusagender Erfahrung und anderer damit zusammenhängender E-Werte nehmen wir die Umgebung an. Wie wir vielmehr die menschlichen Individuen als in den Processen des Wachstums u. s. w. begriffen angenommen haben (n. 24), so haben wir in einer anderen Richtung die Umgebung ganz besonders und namentlich auch als Voraussetzung ihrer **Erhaltung** anzunehmen: sofern sie, die Umgebung, es ist, welche als Nahrung und Schutz gewährend gedacht werden mufs. Ebensowenig jedoch, wie wir ein menschliches Individuum **ohne** alle Umgebung annehmen, haben wir es

in einer Umgebung vorauszusetzen, welche eine absolute Erhaltung gewährleistete. — Und wenn wir
wiederum nur eine Umgebung in unserer Voraussetzung enthalten erachten, welche nicht ohne gefähr-
dende und schädliche Bestandteile ist, so umfafst doch
andererseits unsere Annahme eine Fähigkeit des menschlichen Organismus, sich unter solchen Schädigungen
und Verminderungen seiner Erhaltung von sich selbst
aus innerhalb gewisser Grenzen zu behaupten — also
auch in solchen Fällen, wo die Umgebung für sich
allein nicht zugleich und sofort wie die Schädigung
so auch die Abwehr bedingte.

X.

38. — Die voraufgehenden Bemerkungen haben
unsere empiriokritische Voraussetzung genügend auseinander gefaltet, um in den allgemeinsten Umrissen
erkennen zu lassen: was alles, das für unsere Kritik der
reinen Erfahrung nötig sein möchte, sie in sich berge.
Sache der folgenden Analyse wird es sein, wo immer
ihr Fortschritt es erfordert und soviel als immer
unser Zweck erheischt, ein Weiteres und Specielleres
hervorzuheben. Aber auch nur dann und nicht mehr.

Für jetzt bleibt nur noch übrig, ganz kurz anzudeuten, was unsere Voraussetzung nicht enthalte und
zu enthalten auch nicht nötig habe:

Die empiriokritische Voraussetzung soll — der
Idee nach — alles Material in sich schliefsen, woraus
sich die philosophischen Systeme und speciellen Er-
kenntnistheorieen entwickeln; aber — dem Ideal nach —
nichts, wozu es System und Theorie erst machen.

39. — Das heifst:

Die empiriokritische Voraussetzung fügt den Begriffen, welche die Analyse ihrer einzelnen Annahmen ergeben möchte, keine weitergehenden Voraussetzungen hinzu. Wer die empiriokritische Voraussetzung macht, ist in nichts gebunden, auch des ferneren anzunehmen, daſs z. B. mit dem Begriff der R-Werte auch schon irgend welcher Begriff der „Materie" oder eines „Erkenntnisobjektes" oder der „Dingheit" oder gar der „Substantialität" gesetzt oder nicht gesetzt sei; oder mit dem Begriff der E-Werte bereits irgend ein „Seelen"-Begriff oder nur ein Begriff des „Bewuſstseins", dieser „Urthatsache $\varkappa\alpha\tau$' $\dot{\varepsilon}\xi o\chi\dot{\eta}\nu$". Er hat sich nicht verpflichtet, mit dem vorausgesetzten Begriff des Verhältnisses der E-Werte zu den R-Werten sofort eine Annahme über dessen „Möglichkeit", Art und Umfang zu verbinden; oder mit dem Begriff der Abhängigkeit überhaupt irgendwelchen Begriff der „Kausalität", oder der „Notwendigkeit" bez. der „Freiheit"; oder ganz allgemein mit dem Begriff unserer Voraussetzung schon einen Begriff des „Seins" oder der „Erscheinung", der „Realität" oder „Idealität" u. s. w.

Wie die folgende Untersuchung keine weiteren Voraussetzungen verlangt, so muſs sie aber auch alle Verbindlichkeit für Konsequenzen, die von anderweiten Voraussetzungen her an sie herangebracht werden möchten, ablehnen.

ERSTER TEIL

UNSERE UMGEBUNG UND DAS SYSTEM C.

ERSTER ABSCHNITT.
Unsere Umgebung.

ERSTES KAPITEL.
Allgemeine Begriffe.

I.

40. — Die erste Aufgabe, welche sich für eine Kritik der reinen Erfahrung aus den Begriffen der letzteren ableitete, ergab die Frage:

> in welchem Sinn und Umfang können überhaupt Bestandteile unserer Umgebung als **Voraussetzung** der Erfahrung angenommen werden?

Da sich die gestellte erste Frage auf die *Voraussetzung* der Erfahrung richtet, sofern diese Voraussetzung in Bestandteilen unserer Umgebung beschlossen bleibt, haben wir zu ihrer Beantwortung die Gesamtheit dessen, was wir von unserem Standpunkt aus als unsere Umgebung annehmen, einer Analyse zu unterwerfen.

Ehe wir dieselbe indes anstellen können, müssen wir uns über einige Bezeichnungen allgemeinerer Art verständigen.

41. — Denken wir uns zwei der in unserer allgemeinen empiriokritischen Voraussetzung enthaltenen Veränderlichen V_1 und V_2 gleichgültig wie, aber jedenfalls derart zusammenhängend, dafs mit Änderungen von V_1 auch Änderungen von V_2 gesetzt sind, so bezeichnen wir V_1 in Bezug auf V_2 als **Änderungsbedingung**; die Änderungen dagegen der zweiten Veränderlichen V_2 als in Bezug auf V_1 **bedingte** oder **abhängige**, kürzer als von V_1 bedingte oder abhängige; und befassen endlich beide Veränderliche unter den Begriff eines **Systems**.

42. — Sofern alle nach unserer Voraussetzung gesetzten Umgebungsbestandteile als veränderlich und ihre Änderungen als voneinander in der oben angedeuteten Weise abhängig gedacht werden, denken wir sie untereinander die mannigfaltigsten Systeme mannigfachster Gröfse und miteinander ein einziges allumfassendes System bilden, das wir vorläufig als **System R** bezeichnen.

<small>Jeden Umgebungsbestandteil als Bestandteil des Systems R denken wir als **Individuum**; daher weder ein Individuum als System R, noch das System R als Individuum.</small>

43. — Hinsichtlich eines beliebigen Systems von Umgebungsbestandteilen, sofern es nur die Bedingung erfüllt, dafs es mit einem anderen Veränderlichen ein System höherer Ordnung bildet — also selbst ein Veränderliches ist, dessen Änderungen irgendwie von einem anderen Veränderlichen abhängen — bezeichnen wir die Gesamtheit der Merkmale, durch welche der Individualbegriff des Systems in einem beliebigen Zeitpunkt τ_1 logisch vollständig bestimmt sein würde, als die **Systembeschaffenheit** des Zeitpunktes τ_1.

44. — Denke ich eine solche Systembeschaffenheit in einem folgenden Zeitpunkt τ_2 geändert, so

bezeichne ich die Systembeschaffenheit, wie sie unmittelbar vor der Änderung gesetzt war, als **Anfangsbeschaffenheit** des Systems — und wie sie unmittelbar nach jener Änderung gesetzt ist, als **Endbeschaffenheit** des Systems.

45. — Eine Änderung eines beliebigen Veränderlichen, also auch eines Systems von Veränderlichen, kann nun aber selbst nicht einfacher gedacht werden, als dafs das Veränderliche einerseits gedacht wird in mindestens 2 Zeitpunkten — in einem früheren τ_1 und einem späteren τ_2 — und andererseits zugleich gedacht wird in τ_2 um eine bestimmte Gröfse positiv oder negativ vermehrt, welche es in τ_1 nicht besafs. Wir verstehen in unserem Falle also zunächst am einfachsten unter dem Ausdruck *Änderung eines Systems* dessen positive oder negative Vermehrung um diese bestimmte Gröfse. Bezeichnen wir das System kurzweg nur mit V, so erhalten wir dementsprechend für die Endbeschaffenheit eines Systems den analytischen Ausdruck $V + \Delta V$.

46. — Eine Änderung, bez. eine Endbeschaffenheit irgend eines Systems, welche als Bestandteil der empiriokritischen Voraussetzung im selben Sinne gesetzt ist, wie etwa die Bewegung meiner Feder, indem ich diese Worte schreibe, bezeichne ich als **wirklich**.

47. — Denke ich, nachdem eine Änderung eines Systems im Zeitpunkt τ_2 gesetzt ist, nun das System wieder in die Beschaffenheit vor seiner Änderung — also in Zeitpunkt τ_1 — zurückversetzt, aber doch noch in logischer Beziehung auf diese Änderung, so bezeichne ich das System als der in τ_2 gesetzt gewesenen Änderung **fähig**, es selbst mithin als ein in **Bezug auf die gedachte Änderung Veränderliches**. Und

die betreffende — wie wir sagen wollen — zurückgedachte Änderung, bez. die ihr zugehörige Endbeschaffenheit, bezeichne ich als eine **in Bezug auf das System mögliche**.

48. — Vermehre ich die Voraussetzung eines Systems um die Voraussetzung einer Änderungsbedingung überhaupt, so bezeichne ich jede solcherart vorausgedachte Systemänderung, bez. Endbeschaffenheit, sofern nur ihr Begriff dem allgemeinen Begriff des vorausgesetzten Systems selbst nicht widerspricht, als **denkbar**.

49. — Ist im Zeitpunkt τ_2 eine Änderung, bez. ιdbeschaffenheit eines Systems gesetzt, welche ich für den Zeitpunkt τ_1 als mögliche oder denkbare bezeichnet habe, so benenne ich diese Änderung, sowie die mit ihr gesetzte Endbeschaffenheit, nachdem sie also gesetzt sind, als **verwirklichte**, bez. als **Verwirklichung der denkbaren oder möglichen Änderung, bez. Endbeschaffenheit**.

50. — Erfordert dagegen die Widerspruchslosigkeit mit den Voraussetzungen, eine Änderung, bez. die ihr zugehörige Endbeschaffenheit, als verwirklicht zu denken, so bezeichne ich sie als **notwendig**.

<small>Den eingeführten Bezeichnungen soll keine andere als eine *logische* Bedeutung beigelegt sein.</small>

51. — Unter **Änderungszeit** verstehe ich die Zeit, welche das System bedarf, um eine denkbare Änderung zu verwirklichen.

<small>Diese Änderungszeiten, wie gleich hier bemerkt werden mag, denken wir uns nicht für alle Systeme als unveränderliche; eine Annahme dieser Art würde unserer allgemeinen empiriokritischen Voraussetzung widersprechen.</small>

II.

52. — Angenommen, das Symbol $V + \Delta V$ bezeichne nicht eine Änderung im allgemeinen, sondern eine eindeutig bestimmte konkrete Änderung des Systems V, welche im Zeitpunkt τ_2, als ein eindeutig bestimmter Umgebungsbestandteil R_x gesetzt wurde, gleichfalls gesetzt war. Versetzen wir uns nun in den Zeitpunkt τ_1 zurück, so verbleibt diejenige Änderung von V, auf welcher die Endbeschaffenheit $V + \Delta V$ beruhte, als *mögliche;* V selbst aber nimmt die Bedeutung der **Gesamtheit derjenigen Bedingungen an, unter welchen die betreffende Änderung, soweit sie von V allein abhängt,** eben als mögliche bezeichnet werden kann.

53. — Hieraus folgt nun aber:

Bezeichne ich eine specielle Änderung von V als *möglich,* so kann ich ebendieselbe Änderung auch solange **nicht** als *wirkliche* bezeichnen, als ich die Summe ihrer Bedingungen auf die in V allein enthaltenen Bedingungen beschränke.

Soll mithin eine specielle Änderung, nachdem sie in τ_1 als mögliche (gemäfs dem Vorhergehenden) bezeichnet werden durfte, in τ_2 als wirklich bezeichnet werden, so mufs die Summe ihrer in V allein enthaltenen Bedingungen um mindestens eine vermehrt werden; welche also vorher in V nicht mitenthalten war.

54. — Diese aufserhalb V verlangte Mitbedingung, welche zu den innerhalb V enthaltenen hinzutreten mufs, um eine *mögliche* Änderung als *wirklich* bezeichnen zu lassen, nennen wir die **Komplementärbedingung** der zugehörigen Änderung; die in V enthaltenen Bedingungen ihre **systematischen Vor-**

bedingungen. — Im angenommenen Falle ist also R_x die Komplementärbedingung.

55. — Die Zusammensetzung der systematischen Vorbedingungen und der Komplementärbedingung bezeichnen wir als **Bedingungsgesamtheit**.

56. — Es kann hiernach eine als *möglich* bezeichnete Änderung nur für den Fall als *wirklich* bezeichnet werden, dafs nicht die eine oder andere ihrer Bedingungen, sondern ihre Bedingungsgesamtheit gesetzt wird.

III.

57. — Aus n. 44 u. 45 ergiebt sich für die Endbeschaffenheit eines Systems:

> Wird die Änderung einer Anfangsbeschaffenheit als Folge der Setzung einer Änderungsbedingung gedacht, so kann die Endbeschaffenheit nicht durch die Änderungsbedingung allein, sondern sie mufs auch durch die Anfangsbeschaffenheit des geänderten Systems bestimmt gedacht werden.

ZWEITES KAPITEL.
Die Bestandteile.

I.

58. — Beginnen wir alles in der empiriokritischen Voraussetzung Enthaltene zu zerlegen, so stellen wir zunächst, im Sinne unseres Standpunktes und Zweckes, auf die eine Seite dasjenige Glied der n. 20 gesetzten Relation, welches als der Aussagende gedacht wird: der Mitmensch oder Mensch schlechthin — das menschliche Individuum.

Ihm gegenüber stellen wir sodann alles das, was mit dem Menschen in einem solchen Verhältnis stehend gedacht werden kann, dafs, wenn es gesetzt ist, auch Änderungen jenes Menschen gesetzt sind; alles also, was in Bezug auf den bestimmten Menschen als **Änderungsbedingung** gedacht werden kann.

59. — Auf alles andere, was zu denken man noch versuchen wollte, reflektieren wir nicht weiter, da es, nach unserer Forderung, nicht als Änderungsbedingung in Bezug auf den bestimmten Menschen, mithin nur als für ihn und sonach auch als für uns bedeutungslos gedacht werden könnte.

Die Gesamtheit aber alles dessen, was in Bezug auf den bestimmten Menschen als Änderungsbedingung gedacht ist, bezeichnen wir in Übereinstimmung mit n. 20 als die **Umgebung des Individuums** oder die **individuelle Umgebung**. Wenn wir im Weiterverlauf unserer Untersuchung schlechthin von Umgebung sprechen, so meinen wir damit die *individuelle Umgebung* — also unsere Umgebung, sofern sie mit der Umgebung des Individuums zusammenfällt.

II.

60. — Man kann nun die Umgebung des Individuums nach zwei Seiten einer für uns wichtigen Einteilung unterwerfen, je nachdem man von einem — sagen wir „pädagogischen" oder einem — sagen wir „physiologischen" Gesichtspunkt aus die Einteilung unternimmt.

61. — In ersterer Hinsicht erhält man dann den Unterschied der individuellen Umgebung als „Örtlichkeit" und als „Gesellschaftskreis".

62. — In der letzteren Hinsicht wird dagegen die Umgebung in einem andern Sinne als Änderungsbedingung für den bestimmten Menschen gedacht, wenn ihre Bestandteile zu diesem in das Verhältnis eines *Unterrichtsstoffes* oder eines *Nahrungsstoffes* treten. Dementsprechend teilen wir auch die Umgebungsbestandteile — nicht an sich selbst, sondern in ihrem Verhältnis als Änderungsbedingung für den Organismus — wieder ein; und befassen unter die Bezeichnung S alles was, dem Organismus von aufsen zugeführt, seinen Stoffwechsel bedingt und bildet, während wir das schon angenommene Symbol R zugleich verwenden zur Bezeichnung alles dessen, was, seinem allgemeinen Begriffe nach, in der Sprache der Physiologie als „allgemeiner oder specifischer Reiz einen Nerven erregen kann".

Es ist also in der *Umgebung des Individuums* nichts gedacht, was nicht in der angegebenen Weise den Organismus ändern **kann**, obwohl es ihn nicht notwendig zu ändern **braucht**. Beispielsweise ist der mechanische Druck oder Stofs ein „allgemeiner Reiz", er kann aber auch unter Umständen den Organismus zermalmen; „chemische Einwirkung" ist gleichfalls ein „allgemeiner Reiz", sie kann unter Umständen aber den Organismus vergiften. Selbst „specifische Reize", wie Licht und Schall, können unter Umständen den betreffenden Sinnesapparat zerstören.

Wie nichts in der *individuellen Umgebung* vorausgesetzt ist, was nicht einen Nerven „erregen" kann, so möchte ich auch alles, was solcherart den Organismus ändert, der *individuellen Umgebung* zurechnen, mag es selbst seinen augenblicklichen Ort innerhalb des Organismus zugewiesen erhalten haben; d. h. in letzterem Fall als ein sog. „innerer", bez. „centraler Reiz" zu bezeichnen sein.

III.

63. — Da nun nach unserer Voraussetzung einerseits und nach unserem Begriff vom System (n. 41) andererseits auch jeder bestimmte Mensch als aus einer Mehrheit von Teilsystemen zusammengesetzt und in dieser

Zusammensetzung von Teilsystemen zu einem Ganzen auch wieder als ein System für sich zu betrachten ist, so haben wir den Begriff des bestimmten Menschen als eines Systems von Teilsystemen weiter zu zerlegen. Und um hierzu einen für unsere Zwecke dienlichen Gesichtspunkt zu gewinnen, verfolgen wir eine Seite der empiriokritischen Voraussetzung weiter.

Die innerhalb derselben enthaltene Annahme n. 31 läfst sich nämlich formulieren zu folgendem

Satz I: In einigen Fällen, wenn R gesetzt und E anzunehmen ist, ist auch E irgendwie abhängig von R anzunehmen.

64. — Wenn ich nun auch in einem beliebigen Fall des obigen Satzes den Wert E von einem Umgebungsbestandteil R abhängig denke, so kann ich E wiederum doch nicht unmittelbar von R abhängig denken. Denn gebe ich z. B. einem (wachen) Individuum eine schwingende Stimmgabel in die Hand, so würde dasselbe ein zugehöriges E, das man als 'Ton' bezeichnet, nicht aussagen können, wenn die Hörnerven an ihrem peripherischen oder centralen Ende oder in ihrem Verlaufe zerstört wären. Und ebenso würde das Individuum keine 'Farbe' aussagen, wenn die Netzhaut seiner Augen vernichtet oder die Sehnerven durchschnitten oder deren centrale Endigungen entartet wären. So würde auch kein als 'Härte' oder 'Kühle' zu bezeichnendes E anzunehmen bleiben, wenn die Haut oder die Tastnerven oder deren centrale Endigungen verwüstet wären.

65. — Ebenso würde aber auch keine Bewegung des Individuums erfolgen, wenn die peripherische Verbindung des motorischen Nerven mit dem Muskel oder der Bewegungsnerv selbst unterbrochen wäre, oder

sein centraler Ursprung, etwa durch Blutergüsse, eine gröfsere Störung erlitten hätte.

66. — Da es nun gerade diese Teilsysteme sind, die für unsern Zweck fast ausschliefslich in Betracht kommen dürften, so mufs es uns freistehen, eine solche Analyse des als „Mensch" bezeichneten Gesamtsystems anzustellen, wie sie auch unserm Zwecke am dienlichsten ist.

Demgemäfs unterscheiden wir am menschlichen Individuum vorerst nur zweierlei:

I) das Nervensystem,
II) die Gesamtheit der übrigen Teilsysteme.

Die weitere Zerlegung von II werden wir, wenn wir sie brauchen, von den Specialwissenschaften entlehnen; für die weitere Analyse von I sorgen wir wieder nur im Sinne unseres Zweckes und nur soweit, als derselbe erfordert.

IV.

67. — Das Nervensystem, obgleich schon an sich ein Teilsystem, denken wir uns, im Sinne der Anatomie und Physiologie, wieder selbst als zusammengesetzt aus mannigfaltigen Teilsystemen höherer und niederer Ordnung. Für unsern Zweck genügt es, zunächst einfach zwischen Nervenfasern und centralen Gebilden zu unterscheiden; die übliche weitere Einteilung der Nervenfasern in centrifugale, centripetale und intercentrale, der centrifugalen in motorische und sekretorische (die trophischen Fasern sind nicht gesichert), der centripetalen in sensible und reflektorische — werde aber erwähnt, um einen zu machenden Unterschied innerhalb des für uns wichtigsten centralen Systems, des Gehirns, vorzubereiten.

68. — Wie nämlich E nicht unmittelbar abhängig ist vom Umgebungsbestandteil R, so hängt es — ganz allgemein betrachtet — auch nicht unmittelbar vom äufsersten peripherischen Nervenende ab; denn es lassen sich Fälle von E auch ohne Beteiligung peripherischer Endigungen annehmen, wie z. B. die sog. „Empfindung" amputierter Extremitäten. E-Werte hängen aber auch nicht notwendig von der Nervenfaser unmittelbar ab; denn wir können wiederum solche Werte annehmen bei Wegfall der betreffenden Nervenfasern, wie z. B. sog. Gesichtshallucinationen bei atrophischem Sehnerv[1]).

69. — Verfolge ich mithin ein solches nervöses Gebilde von seinem äufsersten peripherischen Ende an, durch die Faser hindurch und in das Gehirn hinein, immer weiter, so mufs ich ein nervöses Teilsystem erreichen, von welchem E schliefslich unmittelbar abhängt, d. h. welches ich nicht mehr in (experimentellen oder pathologischen) Wegfall gebracht annehmen könnte, ohne dafs ich auch das von ihm abhängige E — eben als von ihm abhängig — in Wegfall gebracht annehmen müfste.

70. — Wie dies angegebene centrale Teilsystem als der Ort gedacht wird, in welchem alle Endigungen centripetaler Nerven, soweit wenigstens von diesen Endigungen E-Werte unmittelbar abhängen, vereinigt sind, so mufs es auch als der Ort gedacht werden, wo alle centrifugalen Nerven ihren Ursprung haben, soweit wenigstens ihre Funktion, welche weiterhin in einer Muskelkontraktion oder Drüsensekretion aufhört, doch an ihrem centralen Ende — in zeitlichem Zusammenhang mit E-Werten — ihren Anfang nimmt.

71. — Dieses nervöse Teilsystem, welches die von

der Peripherie ausgehenden Änderungen in sich sammelt und die an die Peripherie abzugebenden Änderungen verteilt, schien mir, von dem umfassenden System von Centralorganen noch begrifflich besonders zu unterscheiden für unsern Zweck dienlich; während ich seine nähere anatomische und physiologische Bestimmung — als nicht so gesichert wie seine Annahme überhaupt — dahingestellt sein lasse und, weil unseren Zielen abgelegen, ohne Schaden dahingestellt sein lassen kann. Das angenommene Teilsystem selbst bezeichne ich einfach als das System C.

Es ergiebt mithin die Zerlegung des Nervensystems für unsern Zweck:
A) das System C,
B) das übrige Nervensystem.

V.

72. — Zu einer weiteren Unterscheidung bezüglich des Systems C liefse sich der Gesichtspunkt aus der Voraussetzung gewinnen, dafs weder jede einzelne zugehörige „Funktion" das ganze System C, noch auch die Gesamtheit aller zugehörigen Funktionen nur einen einzelnen Teil des Systems C zu ihrer Vollziehung beanspruche.

Das aus dieser Voraussetzung belebte Streben, zu gegebenen Funktionen die bestimmten Partieen des Systems, bez. zu gegebenen Partieen des Systems C die bestimmten Funktionen zu finden, hat zu dem Versuch geführt, jede Funktion einem abgegrenzten Bezirk zu überweisen und somit das Organ selbst in solche räumlich nebeneinander gelagerte „Centren", „Sphären" und dergl. einzuteilen.

Auf diese Einteilungen hier zu reflektieren, liegt nicht unbedingt in unserer Aufgabe; sie sind für die Gehirnanatomie und Physiologie wichtiger als für uns, und zudem stehen sich in dieser Frage die einzelnen Theorieen sowohl den allgemeinen Gesichtspunkten nach, als auch — durch letztere beeinflufst — in ihren „Beobachtungen" feindlich gegenüber.

Sofern nun aber die Hirnphysiologie gerade in der räumlichen Bestimmung der den verschiedenen Funktionen zuzusprechenden Teile des centralen Organs mit Widersprüchen belastet erscheint, jedenfalls mit principiellen Schwierigkeiten noch zu kämpfen hat; diese räumliche Einteilung, Begrenzung und Gestaltung für uns aber einstweilen nicht in Betracht kommt, so ist es sicherer für uns und für unsern Zweck doch genügend, wenn wir nur die allgemeine Voraussetzung, die einer Einteilung des Systems C nach bestimmten Funktionen zu Grunde liegt, festhalten, ohne sie von näheren Bestimmtheiten räumlicher Art weiter abhängig zu machen.

73. — Wir begnügen uns demgemäfs mit der ganz allgemeinen Voraussetzung: eine — gleichgültig wie grofse — Vielheit von Formelementen — *Zellen* — habe im Prozefs der Arbeitsteilung eine bestimmte Änderung übernommen; mag diese nun die Bedeutung einer motorischen, sekretorischen oder sensibeln Funktion haben. Das drücken wir so aus: Eine Vielheit von centralen Formelementen hat sich in einem bestimmten Sinne funktionell verbunden; und wir bezeichnen jede solche Verbindung von bestimmtem Sinn als ein centrales Partialsystem.

74. — Die Bedeutung des centralen Partialsystems

soll uns also bis auf weiteres in erster Linie nur eine funktionelle sein; nicht eine räumliche — obwohl das centrale Partialsystem letztlich ebenso ein Räumliches ist als das System C selbst. Und fassen wir das Centralorgan C, soweit es eben *Organ* ist, dem Gesagten entsprechend, als **Gesamtheit centraler Partialsysteme** auf, so lassen wir doch dahingestellt, ob die letzteren nun genauer als nebeneinander gelagert oder sich gegenseitig durchsetzend, mit oder ohne gemeinsame Formelemente, scharf abgegrenzt oder verstreut u. s. w. zu denken sein sollen.

75. — Denkt man zwei oder mehrere Partialsysteme wiederum funktionell verbunden, so mögen solche Partialsysteme höherer Ordnung etwa als **Koordinationssysteme** bezeichnet werden, die sich dann wieder zu Koordinationssystemen höherer Ordnung vereinigen können.

76. — Nach anderer Richtung würden innerhalb dieser Partialsysteme dann solche zu unterscheiden sein, welche sich durch größere formelle und funktionelle Entwicklung vor anderen desselben Systems C auszeichnen. Diesen letzteren Unterschied wollen wir mit den Benennungen **Haupt- und Nebenpartialsysteme** versehen.

77. — Geht die erste Unterscheidung auf die Zusammensetzung der Partialsysteme, die zweite auf ihre formelle und funktionelle Entwicklung, so ist endlich drittens noch hinsichtlich ihrer funktionellen Beziehung derselbe Unterschied zu machen, den wir bei den Fasern (n. 67) und auch bei den Partialsystemen selbst (n. 73) im Vorbeigehen berührt hatten:

Je nachdem wir von einem centralen Partialsystem einen E-Wert — im Sinne unserer Voraussetzung — unmittelbar abhängig denken, oder seine Änderung in eine **Bewegung**, bez. in eine **Sekretion** auslaufend anzunehmen haben, erhalten wir ein **sensibles** oder ein **motorisches**, bez. **sekretorisches** centrales Partialsystem.

78. — Innerhalb der sensibeln Partialsysteme mag es dann einen weiteren Unterschied für uns machen, ob die Änderung, welche in ihm ihren Ort findet, auf einem Umgebungsbestandteil beruht, sofern dieser von **aufserhalb** des Organismus in specifischer Art an einen peripherischen Endapparat herantritt (wie z. B. Schallwellen an den Endapparat der Hörnerven oder gasförmige Stoffe an die Endapparate der Riechnerven); oder ob die Änderung des Partialsystems ihren Ursprung **innerhalb** des Organismus selbst nimmt, insofern der Funktion oder jeweiligen Beschaffenheit seiner peripherischen Organe eine Änderung in einem sensibeln Partialsystem entspricht. Die centralen Partialsysteme der ersteren Art mögen ihre Benennung als **sensible** beibehalten; dagegen wollen wir diejenigen der letzteren Art als **sensuelle** und beide Arten zusammen (also den gemeinsamen Begriff beider) als **sensorische** bezeichnen[2]).

VI.

79. — Dem Gesagten lassen sich zwei Sätze entnehmen.

Nachdem nämlich der Begriff des Systems C gewonnen ist, kann der Inhalt der n. 68 ff. ausgesprochen werden in folgendem

Satz II: In jedem Fall, in welchem E von R abhängig angenommen wird, wird E unmittelbar von C abhängig angenommen.

80. — Da nun aber aus derselben Voraussetzung, aus welcher Satz I folgte, sich weiter folgern läfst, dafs ehe nicht die Glieder der Reihe $R_1, R_2, \ldots R_n$ gesetzt waren, auch nicht die Glieder der Reihe $E_1, E_2, \ldots E_n$ anzunehmen sind, so ergiebt sich, dafs E von R abhängig nur anzunehmen ist, sofern die Setzung von R eine Änderung von C bedingt. Wir erhalten also den

> Satz III: In jedem Falle, in welchem E von R abhängig angenommen wird, wird E unmittelbar abhängig von einer Änderung von C angenommen.

81. — Gemäfs Satz III behandeln wir von unserem empiriokritischen Standpunkt aus in dem Abhängigkeitsverhältnis zwischen E und der Änderung von C die Systemänderung als die **Unabhängige**, E als die **Abhängige**.

Ebensowenig wie wir (vgl. n. 39) über die Abhängigkeit von E und R weitere Voraussetzungen machten, so hier über die Abhängigkeit der Systemänderung von R und über diejenige des E-Wertes von der Systemänderung.

DRITTES KAPITEL.
Die Änderungen.

I.

82. — Da nach unserer Voraussetzung die Umgebung des Individuums und das Individuum selbst als Veränderliche anzunehmen sind, so wird sich die wei-

tere Zerlegung auf die Arten und Gröfsen ihrer Änderungen zu richten haben, sofern solche überhaupt für uns in Betracht kommen.

Gemäfs der Einteilung unseres einzuteilenden Ganzen in (individuelle) Umgebung und Individuum (n. 58 und 59) teilen wir nun auch die Änderungen ein in

I. Änderungen der Umgebung, und
II. Änderungen des Individuums.

83. — Die Umgebungsänderungen (I) teilen wir nach eventuellem Bedarf in der gleichen Weise ein, wie die Specialwissenschaften die Bewegungen und Beschaffenheitsänderungen von Umgebungsbestandteilen.

84. — Die grofse Anzahl der Änderungen der Gattung II, also des menschlichen Individuums als Ganzem und in seinen Teilsystemen, sämtlich durch eine umfassende Einteilung aufzuzählen, ist gleichfalls unseres Amtes nicht. Wir beschränken uns, im Sinne unserer Aufgabe, auf die folgende Einteilung:

A) Änderungen solcher nicht-nervöser Teilsysteme und Systemteile, welche durch eine nervöse Verbindung mit dem System C in demselben irgendwie vertreten sind und dadurch auch mit demselben in einem Abhängigkeitsverhältnis stehen;

B) Änderungen des Nervensystems selbst;

C) Änderungen, welche nicht zu A) oder B) gehören. —

Indem wir von den Änderungen der Art C, als für unsern Zweck nicht erfordert, ganz absehen, werden wir von den Änderungen der Art A und B — soweit solche uns überhaupt wichtig sind — eine solche Einteilung aufzustellen suchen, welche wieder unserm Zwecke am besten entspricht. Ebensowenig wie Vollständigkeit soll absolute Abgrenzung der eingeteilten Glieder beansprucht werden.

85. — Die Änderungen der Art A lassen sich einteilen in die Unterarten:
1. Änderungen, mit denen eine Änderung des Ortes verbunden ist; und zwar
    a) Ortswechsel des Individuums, und
    b) Ortswechsel des Umgebungsbestandteiles, — oder
    c) Aufhebung eines Ortswechsels der Unterart a und b.
2. Änderungen, mit denen eine Änderung des Umgebungsbestandteiles verbunden ist; und zwar
    a) Nahrungsaufnahme;
    b) Begattung (bez. Befruchtung);
    c) Aufhebung bestehender Änderungen, und zwar im Sinne
        α) der Erhaltung (Pflege, Schutz);
        β) der Vernichtung (Beschädigung, Zerstörung; Verletzung, Tötung).
    d) Umbildung.
3. Änderungen ohne gleichzeitige Änderungen des Ortes oder der Umgebungsbestandteile; und zwar
    a) alle sog. physiologischen Funktionen der im System C vertretenen Organe, welche jenen unter 1 und 2 angeführten Änderungen nicht dienen; z. B. Akkommodation der Linse und des Trommelfellspanners, Verengung und Erweiterung der Pupille, Sekretionen, Änderungen der Herz- und Atmungsthätigkeit u. s. w.;
    b) Wärme- (und Elektricitäts-)entwicklung;
    c) Verdauungs- und Ernährungsprozesse.

Solche Änderungen nehmen wir einzeln, gruppen- und reihenweise auftretend an. Wenn wir aber Wiederholungen mehr oder minder zusammengesetzter Reihen solcher von C abhängigen Änderungen annehmen, so ist deren Zusammensetzung doch nicht als in jedem Fall unverändert anzunehmen.

86. — Die Änderungen der Art B, also des Nervensystems, teilen wir für unsern Zweck zunächst ein in

1. Änderungen des Systems C;
2. Änderungen des übrigen Nervensystems.

Diese letzteren sub 2 angemerkten Änderungen weiter einzuteilen, liegt wieder unserer Aufgabe fern.

II.

87. — Indem wir uns nun zur Auseinanderlegung der Änderungen von C selbst wenden, suchen wir den leitenden Gesichtspunkt hierfür unserer Voraussetzung selbst zu entnehmen. Wir vergegenwärtigen uns daher, daſs Satz I—III (nn. 63, 79, 80) die Werte R und E nur als ganz abstrakte Begriffe enthalten: was von ihnen gesagt wurde, ward von ihnen gesagt nicht sofern die Symbole R und E konkrete Individuen, sondern einfach Gattungen repräsentierten.

88. — Nehmen wir R als *Änderungsbedingung überhaupt* für C zum Ausgangspunkt einer Unterscheidung der Änderungen von C, so bieten sich uns zwei Wege dar: wir können entweder den Begriff von R wieder durch alle denkbaren Determinationen variieren und somit den Begriff einer Änderung von C überhaupt in die Einzelbegriffe aller von den Determinationen des Begriffs R abhängigen Änderungen von C zerlegen; oder wir reflektieren auf die allgemeinen Änderungen von C, welche, wenn überhaupt ein unter den Begriff R subsumierbarer Fall als Bedingung für die Annahme

von E gesetzt ist, in C gegeben sein müssen, damit E angenommen werden könne.

89. — Da der letztere Weg mehr im Sinne einer *allgemeinen Erkenntnistheorie* sein dürfte, so mag der erstere hier nur soweit begangen werden, als er uns zu einer Unterscheidung führt, die wir bereits ganz zu Anfang (n. 62) gemacht haben: die Unterscheidung der Umgebungsbestandteile als Änderungsbedingungen für ein bestimmtes menschliches Individuum — und mithin für C — in die beiden Klassen R und S.

Bezeichnen wir die Änderungen von C, sofern sie entweder von R oder von S abhängig sind, mit f(R) und f(S): so haben wir hiermit die Hauptklassen der Änderungen von C nach ihrer Abhängigkeit von R unterschieden.

III.

90. — Schlagen wir nun den andern Weg ein, um die Änderungsarten zu erreichen, welche allgemein, wenn R gesetzt ist, in C gesetzt sein müssen, damit auch E angenommen werden könne, so dürften wir am sichersten gehen, wenn wir die Gewinnung des leitenden Gesichtspunktes für diese in C beanspruchten Änderungen mit dem Nachweis verbinden, dafs ihre Beanspruchung überhaupt eine berechtigte sei.

Zu diesem Zwecke empfiehlt es sich, vor allem die Abstraktheit der gewonnenen Sätze I—III auch im Ausdruck zur Geltung zu bringen, indem wir uns zugleich unserer vorgeschlagenen Terminologie nach Bedarf bedienen.

Wir resümieren daher das Resultat unserer betreffenden Analyse wie folgt:

Es ist in C ein solches veränderliches System

vorausgesetzt, von dessen durch R bedingte End beschaffenheit C + ΔC der Wert E unmittelbar abhängig angenommen wird.

91. — Hieraus folgt:

Es ist im angegebenen Falle E abhängig angenommen unmittelbar von C + ΔC, mittelbar von R als der Änderungsbedingung jener Endbeschaffenheit. Und ist diese, die Endbeschaffenheit C + ΔC, also angenommen als die unmittelbare, R als die mittelbare Bedingung von E.

Hiermit ist zunächst auch die Abhängigkeit selbst des Wertes E von R und C + ΔC nur eben als logische vorausgesetzt, d. h. die Annahme dieser Abhängigkeit enthält nichts, als dafs, wenn R und C + ΔC vorausgesetzt sind, dann auch E anzunehmen sei.

92. — Nimmt man nun den Satz, dafs E bedingt sei durch R und C + ΔC (wie er also genommen wurde, denn auch mit C + ΔC verhält es sich nicht anders) ganz abstrakt, so müssen die beiden Bedingungen, wie ihr Bedingtes gleichfalls ganz abstrakt, d. h. jene als generelle, dieses als ein Gattungsmäfsiges genommen werden.

Es darf demnach, solange die generellen Bedingungen durch Hinzufügung specieller nicht hinreichend kompliziert worden sind, der Inhalt des Begriffs E auch nur ganz allgemein angenommen werden, womit wiederum noch nicht gesagt sein soll, dafs der angenommene Inhalt nun auch selbst ein ganz allgemeiner (abstrakter) sei.

93. — Und dagegen: Soll der Inhalt des Begriffs E als ein ganz specieller gedacht werden, so müssen die generellen Bedingungen auch durch Hinzufügung ganz specieller Bedingungen hinreichend kompliziert werden.

94. — Die angegebene Anforderung werde in Bezug auf R einfach dadurch erfüllt, dafs R durch einen beliebigen, jedenfalls — wenn man will: durch *Aufzeigung* — völlig eindeutig bestimmten Umgebungsbestandteil vertreten wird.

95. — Um derselben Anforderung — soweit dies für unsern Zweck geboten — in Bezug auf $C+\Delta C$ zu genügen, greifen wir aus der allgemein-empiriokritischen Voraussetzung einen beliebigen Specialfall heraus. Es sei dies der Fall, dafs bei der *Aufzeigung* eines ganz speciellen Umgebungsbestandteiles R_x (gemäfs dem unmittelbar Vorhergehenden) ein ganz specieller Wert von E, den wir also etwa mit E_x zu bezeichnen haben, anzunehmen war; die zugehörige Endbeschaffenheit von C bezeichnen wir entsprechend einfach wieder mit $C+\Delta C$. Der Voraussetzung nach sei R_x im Zeitpunkt τ_2 gesetzt und $C+\Delta C$ im gleichen Zeitpunkt[3]) erfolgend angenommen: der der Aufzeigung von R_x unmittelbar vorangehende Zeitpunkt sei τ_1. So war im Zeitpunkt τ_1 die Endbeschaffenheit $C+\Delta C$ nur eine *mögliche* (n. 47), C aber stellte die Gesamtheit derjenigen Bedingungen dar, unter welchen die betreffende Änderung, soweit sie von C allein abhängt, eben als mögliche bezeichnet werden kann, also die Gesamtheit der systematischen Vorbedingungen; und R_x endlich ist diejenige Bedingung, um welche jene Gesamtheit der systematischen Vorbedingungen vermehrt werden mufste, damit $C+\Delta C$ *verwirklicht* werde, also die Komplementärbedingung (n. 54).

96. — Nun läfst sich aber der allgemeinen, empiriokritischen Voraussetzung entnehmen, dafs, wenn eine beliebige Endbeschaffenheit von C in einem beliebigen Zeitpunkt τ durch R_x komplementär bedingt und R_x zugleich in einem früheren oder späteren Zeitpunkt unverändert geblieben ist, doch das in τ angenommene Bedingungsverhältnis zwischen C und R_x nicht auch in dem früheren oder späteren Zeitpunkt unverändert gedacht werden muſs.

97. — Mithin:

Wenn wir R_x unverändert geblieben, das Bedingungsverhältnis von C zu R_x aber geändert denken, so müssen wir auch C geändert denken.

98. — Infolge der Änderung von C und somit des Bedingungsverhältnisses von C zu R_x ist es denkbar, daſs ein bestimmtes R_x aufhören kann, in einem bestimmten Falle die Bedeutung einer Komplementärbedingung zu besitzen, oder m. a. W. für eine specielle Änderung von C die Komplementärbedingung zu sein; aber ebenso auch, daſs z. B. ein specieller R-Wert, welcher in einem bestimmten Zeitpunkt für eine bestimmte Änderung von C noch nicht Komplementärbedingung war, in einem späteren Zeitpunkt dazu wird, oder m. a. W. die Bedeutung der Komplementärbedingung annimmt

99. — Hierdurch überträgt sich einerseits unsere Bezeichnungsweise für die Änderungen, bez. Endbeschaffenheiten, vom System C auf die R-Werte als Komplementärbedingungen; d. h. wir dürfen bestimmte R-Werte unter den gleichen Voraussetzungen, wie bei jenen, auch als *wirkliche, mögliche* oder nur *denkbare* Komplementärbedingungen bezeichnen.

100. — Andererseits stellt sich heraus, daſs C auch als Inbegriff der systematischen Vorbedingungen nicht als ein geschichts- oder entwicklungsloses Veränderliches vorausgesetzt ist, sondern Bedingungen enthält, welche durch Änderungen erreicht oder verlassen werden.

101. — Diese Änderungen, durch deren Hinwegnahme das System C aufhört, die Gesamtheit der systematischen Vorbedingungen für einen speciellen E-Wert zu sein, wenn R_x konstant bleibt; bez. durch deren Hinzufügung ein C zum Inbegriff der systematischen Vorbedingungen für E wird, falls auch R_x konstant bleibt — scheinen also die Begriffe derjenigen speciellen Bedingungen zu liefern, mit welchen der Begriff des Systems C, als der *generellen* Bedingung, für einen *speciellen* E-Wert kompliziert werden mufs.

Hiermit ist zunächst der leitende Gesichtspunkt für die Aufsuchung derjenigen Änderungen von C, welche wir für unsere Zwecke herauszuheben haben, gegeben.

IV.

102. — Solche Änderungen von C, infolge deren R_x für eine bestimmte andere Änderung desselben Systems in einem späteren Moment Komplementärbedingung werden oder es zu sein aufhören kann, bezeichnen wir als **präparatorische Änderungen**.

Innerhalb derselben benennen wir diejenigen Änderungen, auf welchen der Unterschied des **Wachens** vom **Schlaf** physiologisch beruht, die **allgemein-präparatorischen Änderungen**; und stellen diesen gegenüber die **speciell-präparatorischen**, als welche erst in Bezug auf das unter die Bedingungen des Wachseins gestellte System C in Betracht kommen.

Unter *Schlaf* sei mir gestattet, im Sinne meiner Aufgabe hier nur den traumlosen Schlaf zu verstehen — also eigentümliche Veränderungen von C, welche den speciellen E-Wert bei Setzung von R nicht annehmen lassen, obwohl doch sonst z. B. durch schmerzhafte Verletzungen und Entzündungen oder durch tiefe Gemütserschütterungen, die Bedingungen zur Annahme von E-Werten gegeben wären.

Übergangsformen der Bedingungen des Schlafes und des Wachseins scheinen dann der Traum, die Hallucinationen unmittelbar vor dem Einschlafen u. a. m. anzuzeigen. — Als Grenzfall zwischen die physiologischen allgemein- und speciell-präparatorischen Änderungen, welche den Wert von R als Komplementärbedingung zu variieren vermögen, kann die *Ermüdung* eingereiht werden.

Worin die eigentümlichen Veränderungen von C während der Ermüdung, des Schlafes und Wachens bestehen, lassen wir dahingestellt.

Wir selbst reflektieren im ferneren auf C nur, soweit es unter den Bedingungen des Wachseins stehend gedacht ist.

103. — Die speciell-präparatorischen Änderungen lassen sich dann weiter einteilen in pathologische, welche also von vorübergehenden oder dauernden *Anomalien* des Systems C abhängig vorausgesetzt werden, und in physiologische, welche wiederum abhängen teils von den das ganze Leben hindurch gesetzten *Übungen* verschiedener Art, teils von den nur in bestimmten Lebensperioden gesetzten normalen *typischen Entwicklungen*.

Die Frage, ob und inwiefern sich die im typischen Entwicklungsgang gesetzten Änderungen letztlich auch als *Übung* auffassen lassen, gehört nicht mehr hierher.

104. — Um die letzteren vorweg für unsern Zweck kurz zu erledigen, so umfafst unsere allgemeine Voraussetzung als solche *typische Entwicklungen* namentlich das Wachstum, die Pubertät, die Involution und die senilen Rückbildungsprozesse.

Bei der folgenden Weiterführung unserer einfachen Zerlegung werden wir nun vorwiegend die *Übung*, als die das ganze Leben hindurch gesetzten physiologischen Änderungen, im Auge haben.

V.

105. — Die Entstehung der speciell-präparatorischen Änderungen kann nicht als in einem Zeitpunkt (mit einem Male) vollzogen, sondern muſs als über eine Vielheit succedierender Zeitmomente verteilt vorausgesetzt werden. Jedenfalls muſs ihr die Zeit zugestanden werden, die C gebraucht hat, sich zu dem centralen Organ zu *entwickeln*, als welches es die einschlägigen Specialwissenschaften näher beschreiben; denn eben die *Entwicklungsdifferentiale* begründen schlieſslich das System C.

Nun beginnt aber die Entwicklung des Systems C doch nicht erst mit oder nach, sondern schon vor der Geburt des bestimmten menschlichen Individuums und sie wird, in letzter Instanz und gebotener Konsequenz so weit zurückreichend gedacht werden müssen bis ein *der Entwicklung zu C Fähiges* angenommen wird, welches selbst nicht weiter als ein aus noch Früherem Entwickeltes gedacht werden kann.

106. — Durch die Unterscheidung zunächst der vor oder nach der Geburt gesetzten präparatorischen Änderungen ergiebt sich für uns zuvörderst die zweite Einteilung derselben überhaupt in angeborene und erworbene.

Die angeborenen würden dann wieder zu unterscheiden sein in ererbte und kontingente; indem wir unter den ererbten solche zu verstehen hätten, welche aus Änderungen resultieren, deren zugehörige Änderungsbedingungen einfach als mit der Abstammung gesetzt gedacht werden, und unter kontingenten solche, bei denen dies nicht der Fall.

107. — Und endlich würde wiederum innerhalb der ererbten präparatorischen Änderungen zu unterscheiden sein zwischen **elterlichen** und **vorelterlichen**; indem wir unter den ersteren nur diejenigen ererbten verstehen, deren zugehörige Änderungsbedingungen als mit der **unmittelbaren** Abstammung — unter den letzteren diejenigen, deren Änderungsbedingungen als mit der **mittelbaren** Abstammung gesetzt gedacht werden.

108. — Durch Verbindungen beider Unterscheidungen erhalten wir nun auch die Unterschiede einerseits der **angeborenen**, bez. **ererbten** und der **erworbenen Übung** (wie übrigens auch der angeborenen, bez. ererbten und erworbenen Anomalie).

VI.

109. — Innerhalb der nach der Geburt gesetzten physiologischen Änderungen, welchen die Bedeutung von Übungen für C zukommt, unterscheiden wir — immer: für unsere Zwecke — ferner zwischen **ganz** oder nur **teilweise** vorübergehenden.

Unter einer *ganz vorübergehenden* Änderung werden wir eine solche zu verstehen haben, welche, wenn R wieder aufgehoben wird, das System C genau so zurücklassen würde, wie es vor der mit R gesetzten Änderung vorausgesetzt wurde. Eine solche Änderung bezeichnen wir — im Anschlufs an unsern früheren gelegentlichen Wortgebrauch — als **funktionelle** oder kurz als **Funktion** schlechthin.

110. — Unter einer *nur teilweis vorübergehenden* Änderung werden wir dagegen eine Änderung zu verstehen haben, welche auch, wenn wir R aufgehoben denken, doch C mehr oder minder intensiv und mehr oder minder dauernd geändert zurückläfst. Eine solche Änderung bezeichnen wir als **formelle** (oder orga-

nische); und erinnern in Bezug auf sie daran, dafs sie nicht notwendig das ganze System C, sondern nur denjenigen Teil desselben betreffend zu denken ist, auf den die mitgesetzte funktionelle Änderung beschränkt gedacht wurde — also auf das centrale Partialsystem.

Ob Änderungen vorauszusetzen sind, welche streng genommen ein Partialsystem genau so zurücklassen, wie es vor dem Eingriff der Änderungsbedingung war — ob also *Funktionen in absolutem Sinne* in der Breite unserer allgemeinen Voraussetzungen enthalten seien, bleibe gleichfalls dahingestellt.

111. — Das Remanente einer nur teilweis vorübergehenden Änderung bezeichnen wir als **Änderungsremanenz**; eine Änderung mit relativ kleiner Remanenz als **relativ flüchtige**, mit relativ grofser Remanenz als **relativ nachhaltige Änderung**.

VII.

112. — Eine weitere Einteilung der übungswertigen **funktionellen** Änderungen gewinnen wir, wenn wir auf das quantitative Verhältnis derselben zu ihrer Bedingungsgesamtheit achten. Denken wir nämlich zu einem bestimmten Bedingten W eine andere Gröfse U als **Bedingungsgesamtheit**, so kann W weder gröfser noch kleiner als U gedacht werden; nicht kleiner, weil sonst U noch nicht die Bedingungsgesamtheit sein konnte; nicht gröfser, weil das Plus dann nicht mehr zur **Bedingungsgesamtheit** gehörte.

113. — Mufs mithin jedes Bedingte **gleich** dem gesamten Bedingenden gedacht werden, so kann dagegen in unserm Falle das Bedingte, nämlich $C + \Delta C$ doch sehr wohl **gröfser** als das Bedingende R gedacht werden: nur wenn man eine zur Setzung von $C + \Delta C$ erforderliche Änderung des Systems gröfser als R denkt, mufs man eingedenk bleiben, dafs man R nicht als Bedingungsgesamtheit, sondern blofs als eine der engagierten Bedingungen, nämlich als Komplementärbedingung nehmen darf. In diesem Sinne können auch wir, wenn wir zwecks unserer Zerlegung alle Änderungen einheitlich auf R beziehen, auch die funktionellen Änderungen eines Partialsystems unterscheiden in solche, welche wir gleich R und in solche, welche wir gröfser als R denken. Die ersteren benennen wir Änderungsäquivalente, die letzteren Änderungsauslösungen oder Auslösungen schlechthin.

114. — Die ausgelösten Änderungen sind einerseits nun wieder zu scheiden in peripherisch und in intracentral verlaufende; andererseits lassen sie sich überhaupt als sekundäre bezeichnen — im Gegensatz zu den auslösenden systematischen Änderungen als den primären, welche sonach als Komplementärbedingung wieder für die Auslösungen vorauszusetzen sind.

VIII.

115. — Die formellen (oder organischen) Änderungen unterscheiden wir in solche, welche als Dimensions- und Gewichtszunahme — und solche, welche als Ausbildung (bez. Umbildung) der innern Konstitution von Teilen des Systems C gedacht werden. Die ersteren würden als quantitative, die letzteren als konstitutionelle zu bezeichnen sein.

116. — Sofern die erworbene Übung als Fortsetzung der angeborenen gedacht werden kann, kann jede erworbene Übung auch als Übungsvermehrung bezeichnet werden; und zwar als positive, wenn die zugehörigen Änderungen wiederholt — als

negative, wenn sie nicht wiederholt werden (Übungswegfall, Übungsmangel).

117. — Überall, wo **Weiterbildung** des Systems C auf *Übung* beruhend vorausgesetzt wird, da ist also diese selbst als positive Übungsvermehrung gedacht. Und entsprechend ist **Rückbildung** (Degeneration) gewisser Systemteile (Formelemente), soweit dieselbe auf Übungs- (Arbeits-) mangel beruhend vorausgesetzt wird, auf negativer Übungsvermehrung beruhend gedacht.

Dafs wir hiermit die *Übung* nicht als einzige Bedingung der positiven und negativen Zunahme wie Ausbildung voraussetzen, erhellt bereits aus n. 104: die daselbst verzeichneten typischen Entwicklungen inkludieren gleichfalls die letztangeführten Veränderungen der centralen Partialsysteme.

118. — Die Arbeitsteilung, welche wir n. 73 bereits heranzogen, läfst sich aus der anfänglich angemerkten Voraussetzung, dafs die übenden Umgebungsbestandteile nach Qualität und Quantität verschieden sind (n. 22), und der jetzt hinzugefügten Annahme (oben n. 109 ff.), dafs die Übung die formelle und funktionelle Bestimmtheit, welche die Partialsysteme voneinander unterscheidet, mitbedinge, in gewissem Umfange ableiten. Hier darf es uns aber nur darauf ankommen, ein für unsere Betrachtung wichtiges Moment hinsichtlich der Änderungen des Systems C überhaupt hervorzuheben: das ist die Voraussetzung differenter **Änderungsformen**[4]).

119. — Denken wir sonach die Ausbildung (bez. Umbildung) der centralen Partialsysteme, als fortschreitende formelle und funktionelle Bestimmtheit, von der specifischen Übung, somit weiterhin von der specifischen Bestimmtheit der übenden Momente selbst in gewissem Umfange abhängig; erachten wir ferner in unserer allgemeinen Voraussetzung übende Momente enthalten, welche innerhalb ihrer qualitativen und quantitativen Verschiedenheiten doch auch wieder zugleich einander mehr oder minder verwandt sind — im Gegensatz zu übenden Momenten, welche aufserhalb jeglicher Verwandtschaft stehend gedacht werden —: so haben wir auch anzunehmen, dafs die von verwandten Änderungsbedingungen geübten Systemteile ihrerseits verwandte Formen ihrer Änderung erwerben. Und wir können die Änderungsformen zunächst ganz allgemein in solche scheiden, welche untereinander mehr oder minder verwandt zu denken sind; und solche, welche nicht.

120. — Innerhalb der Formverwandtschaft können wir wieder die beiden Grenzfälle der einander verwandtschaftlich nächststehenden Formen auf der einen und der entferntesten auf der andern Seite durch die Bezeichnung für jene Seite: *Verwandtschaft im engeren Sinne* — und für diese Seite: *Gegensatz im engeren Sinne* voneinander halten und beide Extreme dann wieder durch allerlei Abstufungen oder Übergänge vermittelt denken.

121. — Die Differenz der funktionellen und formellen Bestimmtheit der Partialsysteme, sofern diese Bestimmtheit von dem Unterschied der übenden Umgebungsbestandteile abhängig angenommen wird, wird als um so gröfsere anzusetzen sein, je mehr ihre Setzung auch von den Unterschieden ererbter Übung (bez. „*angeborener Anlage*") abhängig gedacht wird. Und ebenso die Differenzierung der Änderungsformen.

122. — Insofern dagegen ererbte Übung (bez. „angeborene Anlage") ausgeschlossen gedacht werden, müssen auch für die funktionelle und formelle Bestimmtheit eines Partialsystems und für seine Änderungs-

form überhaupt diejenigen Übungen als **bestimmend** gedacht werden, denen, mit andern verglichen, das **gröfsere Übungsquantum** zukam, d. h. welche am meisten gesetzt werden.

123. — Wie somit über die Form und Funktion eines Partialsystems die meiste Übung entscheidend gedacht werden mufs, so mufs nun auch über die Zusammensetzung des Systems C die verschiedenartige Übung seiner Partialsysteme entscheidend gedacht werden. Denn wie die centralen Partialsysteme durch die verschiedenwertige Übung sich nach Form und Funktion differenzierend angenommen werden, so müssen sie auch in ihrer relativen Bedeutung für den gesamten formellen und funktionellen Wert eines Systems C unterschieden werden. Dieser Unterschied der, wie wir sie nennen wollen, **systematischen Bedeutung** begründet sich also auf den Unterschied der meistgeübten und daher meistentwickelten Partialsysteme von den mindergeübten und minderentwickelten; und letzterer Unterschied ist es mithin, welchen wir bereits in der Unterscheidung der Haupt- und Nebenpartialsysteme fixiert haben (s. n. **76**).

Daraus folgt aber auch eine Unterscheidung der Änderungen nach der **systematischen Bedeutung ihrer zugehörigen centralen Partialsysteme**.

124. — Schliefslich mag ein Satz angemerkt werden, welcher sich aus den Resultaten unserer letzten Zerlegung und der Folgerung n. 57 ergiebt:

Wenn der Inhalt der in Bezug auf ein menschliches Individuum gemachten Annahme von E-Werten überhaupt in einem besonderen Falle ein speciell bestimmter Wert E_x sein soll, so muſs — sofern seine Setzung unmittelbar abhängig von einer Endbeschaffenheit des Systems C und mittelbar abhängig von der Komplementärbedingung R_x gedacht wird, die zugehörige Änderungsform nicht allein in der speciell bestimmten Komplementärbedingung, sondern auch in der speciell bestimmten Vorbereitung des Systems C (bez. des centralen Partialsystems) bedingt gedacht werden.

IX.

125. — Es bleibt noch übrig, zusatzweise aus unserer allgemeinen Voraussetzung den folgenden, die Komplementärbedingung betreffenden Specialfall herauszuheben, um durch ihn unsere Zerlegung der Änderungen von C zu vervollständigen, ohne daſs unsere Ergebnisse dadurch zugleich modifiziert würden.

Angenommen, ein bestimmter Umgebungsbestandteil R_x bedinge eine Änderung des centralen Partialsystems c_1 von C_1, die Änderung pflanze sich auf das Partialsystem c_2 fort, dessen Änderungen in eine Bewegung der Stimmorgane, Gesichtsmuskeln, Arme und Hände auslaufe, so ist weiter im Sinne unserer Voraussetzung denkbar, daſs die solcherart gesetzte Muskelkontraktion, bez. die durch sie bedingten Schallwellen, als neue Komplementärbedingung R_ξ eine Änderung des centralen Partialsystems c_3 bedinge, von welchem sich die Änderung wiederum auf das erstgeänderte Partialsystem c_1 bis zu einem gewissen Grade überträgt. Hat sich derselbe Änderungscirkel bei dem System eines zweiten Individuums, also bei C_2, ausgebildet, so kann die Bewegung R_ξ, wenn sie von C_2 ausgeht, bei dem ersten Individuum, also bei C_1 — und umgekehrt, wenn sie von C_1 ausgeht, bei C_2 — dieselbe Änderung von c_1 **der Form nach** bedingen, welche ursprünglich R_x bedingt hat: die Bewegung oder der Schall erhält somit die Bedeutung einer Komplementärbedingung R_ξ, welche die ursprüngliche Komplementärbedingung R_x zu vertreten vermag.

126. — Angenommen, eine Mehrheit von Setzungen derselben Komplementärbedingung R_x oder von mehr oder minder nahe verwandten habe eine Reihe mehr oder minder verwandter Änderungen des Partialsystems c_1 nach sich gezogen, deren jede wiederum in der soeben angegebenen Weise die repräsentative Komplementärbedingung R_ξ setzte; so ist nach unserer allgemeinen Voraussetzung denkbar, dafs bei Gelegenheit einer Setzung von R_ξ auch nicht eine Einzeländerung von c_1, sondern gleichfalls irgend eine (in jedem Einzelfalle zu bestimmende) **Mehrheit** verwandter Änderungen in unmittelbarer Succession erfolgt.

ZWEITER ABSCHNITT.
Die Erhaltung des Individuums.

ERSTES KAPITEL.
Allgemeines.

I.

127. — Unsere Zerlegung der Änderungen von C hat bis jetzt die Beziehung zu R insofern festgehalten, als entweder dem R für C die Bedeutung einer *Komplementärbedingung* oder dem C für R die Bedeutung *systematischer Vorbedingungen* zukommen sollte.

Nun leitet uns aber der n. 123 gewonnene Begriff einer **systematischen Bedeutung** der centralen Partialsysteme zu einer weiteren Unterscheidung der Änderungen von C, welche in dem Inhalt unserer allgemeinen Annahme gleichfalls ihre Voraussetzung findet.

Es war daselbst (n. 37) nämlich das menschliche Individuum als ein solches vorausgesetzt, das sich von sich selbst aus — wenigstens innerhalb gewisser Grenzen — unter Verminderungen seiner Erhaltung behaupte.

Gestützt auf diesen Begriff vorausgesetzter Behauptung können wir den Gesichtspunkt, der uns die

Bedeutung der Partialsysteme für das System C ergab, soweit verallgemeinern und erhöhen, dafs wir erst den Begriff einer Bedeutung des Systems C für die Behauptung des Gesamtsystems, dem es als Organ zugehört, also des Gesamtorganismus hinzufügen, dann denjenigen einer Bedeutung für weitere Systeme, denen C gleichfalls und zwar dadurch zugehört, dafs seine Änderungen für diese — deren Änderungen für es selbst Änderungsbedingungen sein können.

128. — Dieser neue Weg, der sich uns hier öffnet, führt mithin zu einer Unterscheidung der Änderungen des Systems C nach ihrer Bedeutung für die Behauptung zunächst seiner selbst, dann jener besonderen Systeme höherer und höchster Ordnung, in welche der einzelne Mensch eingeordnet angenommen wird — d. h. also zu einer Würdigung des Systems C in seinem Verhältnis einerseits zu den Systemen der Familie, der Gemeinde, des Staates, der Kirche, der Gesellschaft überhaupt, andererseits zu den Systemen der nächsten und der weiteren Umgebung seiner Erde, des Systems R oder, wie die Individuen voraussichtlich sagen würden, der 'Welt' überhaupt.

Auf diesem sachlich allein gebotenen Wege, von den einfachen Partialsystemen des Systems C aus schliefslich das Verhältnis des Menschen zu Gesellschaft und 'Welt' und zwar in theoretischer wie praktischer Hinsicht zu bestimmen — auf diesem in weitere Fernen und in erhabenere Sphären führenden Wege machen wir für jetzt an dieser Stelle Halt, um zu versuchen, nur erst die Bedeutung des Systems C für die Erhaltung des Organismus allgemein — mit wenig Strichen, doch für unser nächstes Ziel genügend — zu skizzieren.

129. — Die Bedeutung des Systems C für die Erhaltung des Gesamtorganismus, dessen Teilsystem es selbst ist, ergiebt sich aus seinem Begriff als eines Centralsystems, welches die von der Peripherie ausgehenden Änderungen in sich zu sammeln und die an die Peripherie abzugebenden Änderungen zu verteilen vermag (vgl. n. 71 und vorher).

Es muſs mithin die Bedeutung von C für die Erhaltung des Organismus um so gröſser sein, je mehr die peripherischen Teile des Organismus, welche der Umgebung direkter exponiert sind und daher einerseits die durch jedes einzelne R gesetzten Änderungen zuerst erleiden müssen, andererseits sich wiederum zur Gesamtheit von R auch selbst als Änderungsbedingungen (vgl. n. 85) verhalten können, — je reicher und mannigfaltiger also diese peripherischen Teile in C vertreten sind und je inniger folglich auch die Erhaltung des Organismus an C, in dessen funktioneller und formeller Ausbildung, gebunden ist.

130. — Je inniger hiernach — und um so mehr, je höher C entwickelt ist — die Erhaltung des Organismus an C gebunden anzunehmen ist, je gröſser muſs aber zugleich die Bedeutung angesetzt werden, welche für die Erhaltung des Organismus nun auch der Erhaltung des Systems C selbst zuzuschreiben ist.

II.

131. — In Bezug auf die Erhaltung des Systems C überhaupt sind nun folgende Fälle denkbar:

1) Es sind keine Änderungsbedingungen gesetzt;

2) es sind Änderungsbedingungen gesetzt, aber die formellen Beschaffenheiten des Systems lassen seine Zerstörung nicht zu;

3) es sind Änderungsbedingungen gesetzt, und die Beschaffenheiten des Systems würden eine Zerstörung durch jene Änderungen bedingen lassen, aber das System behauptet sich unter diesen Bedrohungen seines formellen Bestandes durch irgendwelche weitere Änderungen seiner selbst.

In Fall 1 würde die Erhaltung zu bezeichnen sein einfach als Beharrung, in Fall 2 als formelle Unzerstörbarkeit, in Fall 3 als vitale Erhaltung.

Im letzteren Falle hätten wir die variable Gröfse dieser vitalen Erhaltung zu bezeichnen als den **vitalen Erhaltungswert**, welcher dem System C in jedem Zeitpunkt seines Bestandes zuzuschreiben sein würde.

Fall 1 wäre gleichwertig dem Fall, dafs C umgebungslos wäre (vgl. n. 59); Fall 2 und 3 lassen die Annahme einer Umgebung zu, aber nur Fall 3 die Annahme einer solchen Umgebung, welche für C bedrohlich werden kann.

132. — Welchen dieser Fälle wir für unsere Zwecke in Betracht zu ziehen haben, hängt von ihrer Vereinbarkeit mit unserer allgemeinen Voraussetzung ab. Aber weder der Begriff eines umgebungslosen C, noch der Begriff einer formell unbedrohlichen Umgebung sind mit unsern allgemeinen Voraussetzungen verträglich; und so scheint dieser denn nur der 3. Fall — der formellen Bedrohungen — nicht zu widersprechen. Und wir hätten somit zunächst auf die Bedeutung der Umgebung für die vitale Erhaltung des Systems C zu reflektieren.

133. — Wir machen nun eine Fiktion, welche uns methodologisch so geboten erscheint, wie sie methodologisch zweifellos erlaubt ist. Wir fingieren eine Umgebung, welche in keiner Weise eine Verminderung

des vitalen Erhaltungswertes von C zuläfst. Es enthielte diese Umgebung somit keine Momente, welche der vitalen Erhaltung von C ungünstig wären, und so dürften wir eine solche Umgebung als eine *ideale* bezeichnen.

Jede andere Umgebung würde sich dann von der idealen um so mehr entfernen, je weniger sie die Bedingungen der idealen erfüllte, d. h. je mehr sie irgendwelche Momente enthielte, mit deren Setzung auch Verminderungen des vitalen Erhaltungswertes von C gesetzt würden.

Ist jene so bezeichnete *ideale Umgebung*, wie gesagt, eine Fiktion, so sind diese **vom Ideal sich entfernenden Umgebungen berechtigte Annahmen** (vgl. oben n. 132).

134. — So wenig aber die Umgebungen, in welche wir den leidenden und kämpfenden Menschen durch die Geburt versetzt denken, als *ideale* anzunehmen sind, so wenig kann **einer** Umgebung des Menschen eine vorzugsweise **Annäherung** an die Bedingungen des Ideals abgesprochen werden. Nicht in Widerspruch mit unserer allgemeinen Voraussetzung. Denn es ist dies eben die einzige Umgebung, in welche der Mensch nicht durch seine Geburt versetzt worden ist: es ist die Umgebung, in welcher er sich vor seiner Geburt befand — der mütterliche nährende und schützende Schofs.

<small>Die „leidenden und kämpfenden Menschen" ward gesagt. Und welchen Menschen setzen wir voraus anders als leidend und kämpfend? Obwohl nicht ausschliefslich als leidend und kämpfend.</small>

135. — Aus dem Mutterschofs, diesem Sanktuarium der Erhaltung, wird das Kind vertrieben: ausgestofsen in eine fast absolut andere, neue, ungewohnte, nur zum

Teil noch erhaltungsfreundliche Umgebung. Nun ist es ausgesetzt den Änderungen, die ihm aus der Umgebung und deren Wandlungen erwachsen; und ausgesetzt wird es alsbald sein den Schicksalen, welche ihm die typischen Änderungen des eigenen Entwicklungsganges aufdrängen.

Und das heifst: das System C ist durch die Geburt aus einer annähernd idealen Umgebung in eine nicht-ideale Umgebung versetzt worden.

136. — Uns aber ist hiermit wiederum aus unserer allgemeinen empiriokritischen Voraussetzung ein neuer Gesichtspunkt zu einer Unterscheidung der Änderungen des Systems C erwachsen: nämlich in ihrer Beziehung auf den **vitalen Erhaltungswert**, der dem System C in jedem beliebigen Zeitpunkt zuzusprechen ist. Und unsere Aufgabe wird somit zunächst darauf gerichtet sein, die Änderungen des Systems C zu analysieren: sofern sie als *Verminderung* des vitalen Erhaltungswertes des Systems C oder aber als *Behauptungen* dieses Systems unter solchen Verminderungen zu denken sind.

ZWEITES KAPITEL.
Das vitale Erhaltungsmaximum.

I.

137. — Setzen wir in einem beliebigen Zeitpunkt τ eine beliebige **Verminderung** des in jenem Zeitpunkt anzunehmenden vitalen Erhaltungswertes des Systems C, so sind immer 2 Erhaltungswerte, w_1 und w_2, gedacht: w_2, welcher aus der Verminderung resultierte, und w_1, welcher vermindert wurde. Und hiermit ist zugleich $w_1 > w_2$ gedacht.

Denke ich nun den Unterschied von w_1 und w_2, so habe ich damit nur den Wert gedacht, um welchen der Erhaltungswert von C speciell im Zeitpunkt τ vermindert wurde. Nehme ich nun aber zugleich an, dafs die Umgebung, in welche das System C durch seine Geburt versetzt wurde, eine nicht-ideale sei, so kann ich, je weniger ich sie als eine der idealen angenäherten annehme, auch um so weniger den Erhaltungswert w_1, welcher vermindert wurde, sofort als einen *absoluten* annehmen. Einen solchen ohne weiteres anzunehmen, würde ja nur in dem **einen Fall**, der aber ausgeschlossen ist, nämlich in dem Fall einer idealen Umgebung zulässig sein.

Mithin ist in der Beziehung $w_1 > w_2$ zunächst eben nur ein Verminderungs**unterschied** ausgedrückt; aber es ist damit an sich noch nichts gesagt, um wie viel der vitale Erhaltungswert **überhaupt** vermindert ist, oder wie grofs überhaupt die **ganze Verminderung** geworden, als der vitale Erhaltungswert im Zeitpunkt τ von w_1 auf w_2 sank.

138. — Soll ich also die **ganze Verminderung** des Erhaltungswertes von C und somit den in jedem Zeitpunkt gesetzten Wert der vitalen Erhaltung **überhaupt** denken können, so mufs ich jeden Erhaltungswert, der als ein *verminderter* zu denken ist, auf einen Erhaltungswert beziehen können, der nicht mehr selbst als ein verminderter denkbar ist. Aber nur in dem **einen Falle** ist ein Erhaltungswert **nicht** als ein *verminderter* denkbar, wenn ich keinen andern Wert denken kann, der gröfser wäre als jener. Dieser zur Bestimmung aller Verminderungen verlangte vitale Erhaltungswert des Systems C mufs also der **denkbar gröfste** sein.

II.

139. — Da, wie das ganze System C, so auch seine Bestandteile, bez. seine Formelemente, entstehend und vergehend gedacht werden, so muſs — wenn für irgend einen Zeitpunkt der verlangte denkbar gröſste vitale Erhaltungswert des Systems C angenommen wird — mit demselben eine **absolute Erhaltung aller** centralen Partialsysteme, bez. Formelemente, angenommen werden; d. h. der denkbar gröſste vitale Erhaltungswert des Systems C ist als die Summe der denkbar gröſsten Erhaltung aller seiner Bestandteile, bez. Formelemente, zu denken.

140. — Nun wird hierbei aber die Entstehung von C nicht als isoliert, sondern mit derjenigen des Gesamtorganismus verbunden vorausgesetzt und wie mit diesem entstehend, so wird es im allgemeinen auch mit ihm vergehend gedacht.

Mag nun schon der **isolierte Untergang** von C nicht undenkbar sein, so ist jedenfalls ein solcher von einzelnen, relativ selbständigen Partialsystemen niedrerer Ordnung in unserer allgemeinen Voraussetzung, wie sie sich von seiten der Physiologie (und Psychiatrie) specialisieren läſst, in der That mitenthalten.

141. — Reflektieren wir nun auf diesen isolierten Untergang von einfachsten Partialsystemen, bez. Formelementen, so heben wir zunächst hervor, daſs, wenn die einzelnen Bestandteile dem Vergehen unterworfen gedacht werden können, notwendig ihre Erhaltung nicht als unbedingte gedacht werden darf. Vielmehr müssen zu einem bestehenden Partialsystem **Bedingungen seiner Erhaltung** — zu einem vergehenden aber **Änderungen seiner Erhaltungsbedingungen** gedacht werden.

142. — Als eine fundamentale Erhaltungsbedingung würde zunächst wieder die **Übung** zu denken sein, sofern zugleich R als das Übende gedacht wird; denn in dem Mafse, als einem Partialsystem alle mit R gesetzten Änderungen (= Übungen) mangeln, würde auch (vgl. n. 117) das Gegenteil der Übungsfolgen, nämlich — statt positiver — negative Zunahmen und Ausbildungen, also eine Änderung zu erwarten sein, welche als Degeneration zu bezeichnen und als zunehmende Annäherung an Untergang anzunehmen wäre.

Die mit R gesetzten Systemänderungen selbst haben wir bereits mit f(R) bezeichnet (n. 89).

143. — Da nun aber in keinem Zeitpunkt eine völlige Aufhebung aller R, d. h. der ganzen Umgebung, oder eine völlige Ausschliefsung der von ihr ausgehenden Änderungen gesetzt werden kann, so ist auch der eventuelle Mangel von f(R) nie als ein absoluter, sondern immer nur als ein relativer zu denken. Es ist folglich auch das Vorhandensein von f(R) als ein ununterbrochenes zu denken.

III.

144. — Ist aber der relative Mangel von f(R) als Bedingung der Degeneration zu denken, so müssen neben f(R) noch anderweite Änderungen von C oder seiner Formelemente angenommen werden, und zwar, da ein *Mangel* an sich selbst nicht Änderungen bedingen kann, solche andersartige systematische Änderungen, als deren *Folge* in diesem Falle Degeneration, d. h. Annäherung an den Untergang der Formelemente gedacht werden mufs, und welche somit als Vernichtungsbedingungen von C zu denken wären.

145. — Muſs aber C noch andersartigen Ä ːrungen als den mit R gesetzten zugänglich gedacht werden, so können die Änderungen f(R) ebendarum nicht mehr als die einzige Art Änderungen von C gedacht werden. Diese zweite Art Änderungen, deren C fähig gedacht werden muſs (sofern seine Bestandteile durch Mangel von f(R) sich der Degeneration annähern würden), können der Umgebung nicht im selben Sinne entstammend gedacht werden wie f(R); denn wären sie einfach von R abhängig wie f(R), so hätten wir auch wieder f(R) und nicht eine **andere Änderungsart** als f(R) zu denken.

146. — Da nun aber C auch für diese andere Änderungsart nur die Gesamtheit der systematischen Vorbedingungen darstellen kann, für die Setzung der fraglichen Änderungen mithin wieder eine in C nicht bereits enthalten gedachte Änderungsbedingung — als Komplementärbedingung — verlangt wird; da aber die Umgebung nur im Sinne von R oder S Änderungsbedingung für C sein kann, und da endlich von diesen beiden Änderungsbedingungen im vorliegenden Falle R ausgeschieden ist, **so ist S als Änderungsbedingung zu denken.**

Dementsprechend bezeichnen wir diese zweite Änderungsart, in Übereinstimmung mit n. 89, auch wieder als f(S).

147. — Auch diese Änderungen von der Art f(S) sind als ununterbrochen bedingte und vorhandene zu denken, da weder die Blutcirkulation, durch welche die Umgebungsbestandteile von der Art S dem System C und seinen Formelementen zugeführt werden, noch die von der Physiologie als Stoffwechsel bezeichneten Vorgänge als in irgend einem Zeitpunkt völlig fehlend gedacht werden können, wenn nicht der Tod mitgesetzt werden soll.

IV.

148. — Denken wir die Blutbereitung und -Cirkulation, sowie den Stoffwechsel der Einfachheit willen als eine konstante Gröfse, so denken wir auch die zugehörigen Änderungen f(S) als eine solche. Der Erfolg derselben würde sich also schliefslich dem Untergang nähern, wenn hinreichend lange relativer Mangel an f(R) gegeben wäre; er würde sich von diesem Extrem wieder entfernen, wenn dieser Mangel rechtzeitig wieder gehoben würde. Aus dieser Abhängigkeit der Änderungsbewegung von f(R) geht hervor, dafs f(R) und f(S) als **entgegengesetzte** Änderungen gedacht werden müssen.

149. — Mit demselben Recht, mit welchem sich vorhin f(R) als Erhaltungs- und f(S) als Vernichtungsbedingung bezeichnen liefsen, lassen sich, umgekehrt, nun auch f(S) als Erhaltungs- und f(R) als Vernichtungsbedingung bezeichnen. Denn denkt man den Wert f(R) immer zu-, den von f(S) immer abnehmend, so wird ebendamit auch wieder eine entsprechende Annäherung an Untergang (Degeneration) von C oder den betroffenen Formelementen mit vorauszusetzen sein.

150. — Wenn wir aber denken, dafs nicht allein in dem Mafse Annäherung an Untergang (Degeneration) besteht, als f(R) *kleiner*, sondern auch in dem Mafse, als es *gröfser* ist als f(S); dafs mithin in dem Mafse überhaupt, als f(R) kleiner oder gröfser als f(S), bez. umgekehrt f(S) gröfser oder kleiner als f(R) ist, Annäherung an Untergang besteht: so können wir auch nicht mehr f(R) oder f(S) an sich weder als Erhaltungs- noch als Vernichtungsbedingung ansprechen.

151. — Vielmehr: es ist der **Unterschied** beider Änderungsarten f(R) und f(S) in dem Mafse als Vernichtungsbedingung zu bezeichnen, als sich beide von der Gleichheit entfernen — und als Erhaltungsbedingung, als sich beide der Gleichheit nähern.

V.

152. — Es wird folglich die vitale Erhaltung jedes Formelementes vollständig sein, wenn für dasselbe gilt die Gleichung:

$$1)\quad f(R) = - f(S).$$

153. — Und mithin wird die vitale Erhaltung der centralen Partialsysteme, welche das System C bilden, und also des Systems C selbst vollständig sein, wenn für die centralen Partialsysteme gelten die Gleichungen:

$$2)\quad f(R_1) = - f(S_1)$$
$$f(R_2) = - f(S_2)$$
$$\vdots$$
$$f(R_n) = - f(S_n),$$

mithin für das ganze System:

$$\Sigma\, f(R) = - \Sigma\, f(S).$$

154. — Da nun aber (nach n. 148) f(R) und f(S) entgegengesetzte Werte sind, so läfst sich die vollständige vitale Erhaltung des Formelementes auch ausdrücken durch die Gleichung:

$$3)\quad f(R) + f(S) = 0.$$

155. — Wir erhalten also für die centralen Partialsysteme die Gleichungen:

Kap. 2: Das vitale Erhaltungsmaximum.

4) $f(R_1) + f(S_1) = 0$
$f(R_2) + f(S_2) = 0$
$\vdots$
$f(R_n) + f(S_n) = 0,$

mithin für das ganze System C:
$$\Sigma f(R) + \Sigma f(S) = 0.$$

156. — Bezeichnen wir die Werte f(R) und f(S) in ihrer Beziehung auf die Partialsysteme als **partialsystematische Faktoren**, und ihre Summe in ihrer Beziehung auf den vitalen Erhaltungswert als **Vitaldifferenz**, so ergiebt sich, dafs, wenn die vollständige vitale Erhaltung von der entgegengesetzten Gleichheit der partialsystematischen Faktoren abhängt, jeder vitale Erhaltungswert, welcher kleiner gedacht wird als der vollständige, von der Vitaldifferenz abhängen mufs.

157. — Da nun die vitale Erhaltung des Systems C vollständig ist, wenn die Vitaldifferenz gleich Null ist; da ferner eine Differenz, welche kleiner als Null ist, nicht gedacht werden kann — so kann auch kein vitaler Erhaltungswert gröfser gedacht werden als derjenige, welchen das System bei Gleichheit der partialsystematischen Faktoren besitzt. **Es ist mithin der vitale Erhaltungswert, welcher durch die Vitaldifferenz Null gesetzt ist, der gesuchte denkbar gröfste.**

158. — Bezeichnen wir endlich den denkbar gröfsten vitalen Erhaltungswert des Systems C als das **vitale Erhaltungsmaximum**, so erhalten wir den Satz:

Ein System C ist im vitalen Erhaltungsmaximum zu denken, wenn seine partialsystematischen Faktoren entgegengesetzt gleich sind[5]).

DRITTES KAPITEL.
Die Schwankung.//
I.

159. — Die Aufstellung des vitalen Erhaltungsmaximums führt zu einer Unterscheidung einer Änderungslosigkeit von C, welche gesetzt werden muſs, wenn keine Änderungsbedingung gesetzt wird, und einer Änderungslosigkeit, welche gesetzt werden muſs, wenn eine Mehrheit, aber entgegengesetzter Änderungsbedingungen angenommen wird. Die erstere ist eine Änderungslosigkeit ex notione, die letztere ex specie, d. h. nur dem Scheine nach, denn weit entfernt, von jeder Änderung frei zu sein, erfordert ihre Setzung gerade eine doppelte Änderung. Die erste Art Änderung mag durch die Bezeichnung als Systembeharrung von der zweiten als der Systemruhe unterschieden werden.

160. — Änderungen der Systemruhe bezeichnen wir als Systemschwankungen, und zwar als positive Schwankungen, wenn die Änderung der Systemruhe durch positive Vermehrung — als negative, wenn die betreffende Änderung durch negative Vermehrung eines der beiden partialsystematischen Faktoren gesetzt ist.

161. — Eine jede (positive oder negative) Schwankung denken wir mithin erst dann als vollständige (vollständig abgelaufene), wenn die Systemruhe wieder hergestellt ist; und unterscheiden dementsprechend bei jeder Schwankung, sofern sie als vollständige vorausgedacht wird, eine Zu- und Abnahme der Änderung der Systemruhe.

Das ergiebt uns für die Schwankung überhaupt die Unterscheidung derselben als positiv oder negativ zunehmende Schwankung.

162. — Den Wert, um welchen das in Ruhe befindliche System C bei Setzung einer Änderungsbedingung vermehrt wird, also den Unterschied vom ruhenden System bezeichnen wir als Schwankungsgröfse.

163. — Für diese Schwankungen ist zunächst diejenige Beschaffenheit zu beanspruchen, welche die Analyse für die Änderungen der centralen Partialsysteme überhaupt (n. 118) ergab: die Unterschiede der Form; also die Schwankungsform, welche (gemäfs n. 124) nicht allein in der speciell bestimmten Komplementärbedingung, sondern auch in der speciell bestimmten Vorbereitung des Systems C (bez. des centralen Partialsystems) bedingt gedacht wird.

164. — Sofern als Entwicklungsbedingung (vgl. n. 119) für die Partialsysteme mehr oder minder verwandte Komplementärbedingungen zugelassen werden, ergiebt sich auch für die Schwankungen des Systems C, bez. seine Partialsysteme, das Merkmal der verwandten Form oder Formverwandtschaft, deren obere Grenzwerte als Verwandtschaft im engeren Sinne, deren unterer Grenzwert als Gegensatz im engeren Sinne bezeichnet wurden (n. 120).

165. — Aus der Verbindung der Begriffe der Änderungsgröfse und der systematischen Bedeutung des geänderten Partialsystems erhalten wir noch den Begriff der Schwankungsrelevanz, d. h. wir fassen die Schwankungen als sich in einem Gegensatz der Relevanz und Irrelevanz bewegend auf, wie die Partialsysteme selbst in einen solchen der systematischen Bedeutung und Bedeutungslosigkeit (vgl. n. 123), und denken die Schwankung eines Partialsystems um so relevanter, je gröfser einerseits sie selbst, andererseits die systematische Bedeutung des geänderten centralen Partialsystems gedacht wird.

166. — Aus der differenten Beziehung der Schwankung auf das vitale Erhaltungsmaximum, wie solche in der positiv und negativ zunehmenden Schwankung gesetzt ist, gewinnen wir noch den Begriff der **Schwankungsrichtung**, und bezeichnen diese im ersten Falle als **positive**, im zweiten Falle als **negative**.

167. — Nennen wir eine Systemänderung, welche von einer bestimmten peripherisch gesetzten Änderungsbedingung aus unmittelbar ein sensibles Partialsystem erfafst, eine *primäre;* eine solche, welche sich — in der Fortpflanzung auf weitere Partialsysteme — jener primären erst anschliefst, eine *sekundäre:* so kann man in Bezug auf diese sekundäre Änderung annehmen, dafs sie entweder innerhalb der sensiblen Partialsysteme verbleibt, oder aber auf motorische, bez. sekretorische Partialsysteme — nach Art der „Reflexe" im physiologischen Sinne — übergreift (vgl. n. 114). Die auf erstere Art gesetzten Schwankungen des Systems C werden keine weiteren Eigentümlichkeiten bieten, die eine besondere Beachtung an dieser Stelle erforderten. Dagegen werden die Schwankungen des Systems C, welche auf einem „reflexartigen" Übergreifen der Systemänderung auf motorische, bez. sekretorische Partialsysteme beruhen, einer Auszeichnung bedürfen: sofern mit ihnen wiederum auch Schwankungen der den betreffenden motorischen, bez. sekretorischen Funktionen zugeordneten sensuellen Partialsysteme (vgl. n. 78) gesetzt sind. Wir wollen daher letztere Art

Schwankungen, im Gegensatz zu den beschränkteren ersteren, als **übergreifende Schwankungen** bezeichnen.

II.

168. — Weitere allgemeine Bestimmungen der Schwankungen erhalten wir, wenn wir zugleich auf die **Übung** reflektieren, deren systematischer Ausdruck die formelle und funktionelle Bestimmtheit des Partialsystems war, und von welcher mithin die Änderungsform mitbedingt wurde.

Gehen wir zur Fixierung dieser Werte von einer Schwankung aus, welche völlig im Sinne der vorangegangenen Übung ihres Partialsystems verblieben ist, so haben wir in ihr eine *eingeübte Schwankung* vorausgesetzt. Denken wir dann diese eingeübte Schwankung einer Änderung unterworfen, so erhalten wir die Voraussetzung einer **Schwankungsvariation** — unter welchem Ausdruck wir immer zugleich die Variation einer eingeübten Schwankung verstehen wollen.

169. — Mit der Schwankungsvariation als Änderung einer geübten Schwankung — anders ausgedrückt: als Abweichung von einer bestimmten Übungsrichtung des Systems C — fällt mithin eine **Änderung aller Verhältnisse zusammen, welche selbst auf Übung beruhen;** denn war, nach der Voraussetzung, die eingeübte Schwankung völlig im Sinne der vorangegangenen Übung des zugehörigen Partialsystems, so wird die variierte Schwankung um so weniger in deren Sinn sein, als sie eben eine *Änderung* der eingeübten darstellt.

170. — Durch die Variation kann nun betroffen werden:

1) die **Form** der Schwankung — denn diese ist mitbedingt durch die formelle und funktionelle Bestimmtheit des Partialsystems, diese aber wiederum durch die Übung;

2) der **Übungswert** der Schwankung — denn sie kann x mal, aber auch xy mal gesetzt und damit im zweiten Fall y mal mehr geübt sein als im ersten Fall, also einen differenten Übungswert besitzen;

3) die Gesamtheit der **Zusammenhänge**, in welchen die einzelne Beschaffenheit einer Schwankung mit anderen Beschaffenheiten, oder die einzelne Schwankung mit andern Schwankungen (dem Begriff des Systems gemäfs) geübt worden war.

171. — Ändere ich also eine geübte Schwankung, so entferne ich einerseits die Änderung des Systems C von einer eingeübten Form; andererseits setze ich eine Systemänderung, welche zugleich einen anderen, zunächst jedenfalls **geringeren** Übungswert hat: war die geübte Schwankung als solche auch die **geübte** Änderung, so ist die variierte Schwankung als solche eben auch die **mindergeübte**.

Jene Entfernung einer Änderung des Systems C von einer eingeübten Form sei als **positive** — der denkbare umgekehrte Fall aber der Annäherung einer Systemänderung an eine eingeübte Form als **negative Transexercition** bezeichnet.

172. — Den jeweilig bestimmten Übungswert bezeichnen wir als die jeweilige **Schwankungsgeübtheit** oder das **Exercitat**.

173. — Sprechen wir von der **Schwankungsübung** — der **Exercitation** — schlechthin, so verstehen wir beides zusammen.

Was von der **Form** der geübten Schwankung, bez. ihrer Variation hier gesagt wurde, gilt in gewissem Sinne auch von ihrer Gröfse: auch diese kann eine eingeübte sein, deren Einübung das zugehörige Partialsystem formell und funktionell mitbestimmte — deren Variation also auch in die Änderung der gesamten Übungswerte miteingeht.

174. — Sofern sodann die eingeübte Schwankung nicht absolut isoliert, sondern immer zugleich in bestimmten innern und äufsern Zusammenhängen geübt war, werden durch die Schwankungsvariation auch diese aus der stabilen Gleichförmigkeit ihrer gegenseitigen Verhältnisse gebracht: die Schwankung geht in der Schwankungsvariation von der eingeübten relativen Einförmigkeit ihrer Zusammenhänge zu gröfserer Vielfältigkeit über: die Schwankungen werden bewegter, differenzierter, gegliederter. Es sei erlaubt, den Übergang einer (unvariierten) eingeübten Schwankung in eine variierte nach dieser Seite hin als Schwankungsartikulation zu bezeichnen.

175. — Bestimmten die Merkmale in jedem Zeitpunkt den Sinn der Schwankung, bewegen sich aber bei der Schwankungsvariation die Merkmale in den Gegensätzen der Formverwandtschaft als solcher oder als Gegensatz im engeren Sinne, der Relevanz und Irrelevanz, des gröfseren oder kleineren Unterschieds vom ruhenden Partialsystem, desgleichen der positiven und negativen Richtung, ferner der positiven und negativen Transexercition, der Schwankungsgeübtheit als zunehmenden oder abnehmenden Übungswertes — ich sage, bewegen sich bei der Schwankungsvariation die Merkmale in diesen Gegensätzen, so folgt, dafs auch die Schwankungsvariationen entweder im Sinne der ursprünglichen Schwankung bleiben, oder einen entgegengesetzten Sinn annehmen können: in welchem letzteren Specialfall wir

die Schwankungsartikulation näher als **Schwankungsopposition** bezeichnen wollen.

176. — Den Übergang von einer eingeübten Schwankung zu einer variierten denken wir um so gröfser, je gröfser der Umfang der Änderung und je schneller sie gesetzt ist.

III.

177. — Endlich ergiebt die Berücksichtigung der Beziehung auch der Schwankungsvariation zum vitalen Erhaltungswert noch Schwankungsunterschiede, welche wir als solche der **Ordnung** auffassen möchten.

Jede eingeübte Schwankung, sofern sie rein als solche, also ohne Variation, gesetzt gedacht werden soll, werde einfach als **Schwankung erster Ordnung** bezeichnet.

Jede Änderung aber einer solchen Schwankung, sofern sie (die Änderung) zugleich wieder als den vitalen Erhaltungswert vermindernd gedacht werden soll, als **Schwankung zweiter, bez. dritter u. s. w. Ordnung.**

Im Anschlufs hieran mögen die Änderungen, wie sie bei der Gleichheit der vitalen Momente immer noch gesetzt sind — für den Fall also, dafs die *Schwankung* den Wert Null angenommen hat — als **Schwankung 0ter Ordnung** hinzugefügt werden.

<small>Wenn auch jede Schwankung höherer Ordnung die *Variation* einer andern Schwankung ist, so ist doch nicht jede Variation einer Schwankung auch eine *Schwankung höherer Ordnung*.</small>

VIERTES KAPITEL.
Die unabhängige Vitalreihe.
I.

178. — Da nun unsere Aufgabe zunächst darauf gerichtet war (n. 136), die Änderungen des Systems C zu analysieren, sofern sie als Verminderungen des vitalen Erhaltungswertes des Systems C oder aber als Behauptungen des Systems unter solchen Verminderungen zu denken sind, so formulieren wir das Ergebnis unserer vorhergehenden Analyse zuerst für die allgemeine Bestimmung der Verminderung in den Satz:

> Soll ein System C in Verminderung seines vitalen Erhaltungswertes gedacht werden, so muſs es mit einer Vitaldifferenz gröſser als Null versehen, d. h. in positiv zunehmender Schwankung begriffen gedacht werden.

179. — Und mithin folgt für die allgemeine Bestimmung der Behauptung der Satz:

> Soll ein System C sich unter Verminderungen seines vitalen Erhaltungswertes behauptend gedacht werden, so muſs seine Behauptung als Annäherung der in der Verminderung gesetzten Vitaldifferenz an den Wert Null, d. h. als negativ zunehmende Schwankung gedacht werden.

180. — Wird also angenommen, es behaupte das System C sich unter einer beliebigen Verminderung seines vitalen Erhaltungswertes vollständig, so ist damit zugleich eine positiv und eine negativ zunehmende Schwankung, die sich entsprechen, angenommen.

181. — Wird nun aber weiter angenommen, daſs

das System C sich unter einer beliebigen Verminderung seines vitalen Erhaltungswertes vollständig behauptet habe oder behaupten werde, trotzdem die Umgebung von sich allein aus die negativ zunehmende Schwankung nicht (oder nur eine irrelevante) bedingte, so ist damit zugleich angenommen, dafs das System C selbst zu Änderungen überging oder übergehen werde, welche direkt oder indirekt zu der benötigten relevanten, negativ zunehmenden Schwankung führen.

Jede angenommene Reihe von Änderungen, welche die Bedeutung einer vollständigen Behauptung unter Verminderung des vitalen Erhaltungswertes von C hat, bezeichnen wir kurz als **unabhängige Vitalreihe**.

Im folgenden ist unter dem Ausdruck *Vitalreihe* schlechtweg immer die unabhängige Vitalreihe verstanden, wenn nicht ein anderes ausdrücklich bemerkt ist.

II.

182. — Setzen wir eine unabhängige Vitalreihe als vollständige (vollständig abgelaufene) voraus, so folgt aus ihrem Begriff:

Jede Vitalreihe, sofern sie **vollständig** ist, kann in drei Teile oder Abschnitte zerlegbar gedacht werden, in deren erstem die positiv zunehmende Schwankung eingeführt wird; deren dritten ihre perfekt gewordene Aufhebung bildet; während der zweite alle Änderungen umfafst, welche zwischen der ersten und letzten eingeordnet sind.

Wir bezeichnen den ersten Abschnitt als den **Initialabschnitt**, den zweiten als den **Medial-**

abschnitt, den dritten als den **Finalabschnitt**; und die zugehörigen Änderungen oder Endbeschaffenheiten beziehentlich als **Initial-**, **Medial-** und **Finaländerungen** oder **-endbeschaffenheiten**.

183. — Wenn der Begriff des analysierten Falles ergab, dafs eine vollständige Vitalreihe unter den angegebenen Bedingungen aus mindestens 3 Abschnitten zusammengesetzt sein mufs, so ergiebt die Beschreibung (n. 181), dafs eine solche Reihe zugleich aus 3 Änderungsarten zusammengesetzt ist.

184. — Aber weder aus dem Begriff des angenommenen Falles, noch aus dem Begriff der Vitalreihe und ihrer Änderungsarten folgt, dafs jede Änderungsart in der Reihe und mithin jeder von deren Abschnitten nur durch je **ein** Glied vertreten, d. h. dafs die Vitalreihe, obwohl sie aus mindestens 3 **Abschnitten** besteht, auch nur aus 3 **Gliedern** zusammengesetzt sein müsse. Sofern es vielmehr denkbar ist, dafs die Verminderungen des vitalen Erhaltungswertes sowohl, als die Behauptungen des Systems C unter solchen Verminderungen in der Form successiver Änderungen gesetzt sein können, ist es auch denkbar, dafs sich ein oder mehrere Abschnitte der unabhängigen Vitalreihe aus mehr als nur **einem** Gliede zusammensetzen können.

III.

185. — Bei der immensen Mannigfaltigkeit denkbarer Umgebungsänderungen, aber auch der systematischen Bedingungen, von denen die centralen Partialsysteme abhängen, mufs endlich, ebenso wie eine Mehrheit von Änderungen innerhalb jeder Änderungsart, so auch der Verlauf einer Behauptung des vitalen

Erhaltungswertes, wie sie unter Umständen wiederum für das System angenommen wird, zusammengesetzt gedacht werden können aus einer Mehrheit sei es sich aneinander anschliefsender oder sich mannigfach kreuzender, bez. verschlingender Vitalreihen, so dafs die Analyse der Änderungen, in denen ein System C in einer nicht-idealen Umgebung sich behauptend angenommen wird, nicht nur eine einzige dreigliedrige Änderungsreihe, sondern beliebig vielgliedrige, ja, ganze Systeme von Vitalreihen und Systeme von Vitalreihen-Systemen von relativ einfachsten bis zu den allerkompliziertesten Zusammensetzungen zu ihrem Gegenstand haben kann — und alles das auch dann, wenn sie auf einige wenige Specialfälle beschränkt zu bleiben sucht.

Der Fall, dafs die Behauptung des Systems C in sich einander anschliefsenden, bez. kreuzenden Reihen verläuft, wird namentlich intreten, wenn die negativ zunehmende Schwankung bei dem einen lauptpartialsystem zugleich wieder eine Verminderung des vitalen Erhaltungswertes bei einem andern setzt.

186. — Jenen Successionen, Kreuzungen und Verschlingungen, welche durch Vitalreihen und Vitalreihen-Systeme gebildet werden können, im einzelnen nachzugehen, kann hier nicht die Aufgabe unserer allgemeinen Analyse sein; wir werden wohl an anderer Stelle auf diese Bänder, Netze und — Knäuel zurückzublicken Gelegenheit erhalten. An dieser Stelle müssen wir uns wiederum mit einer einfacheren Arbeit am ungeheuren Stoff bescheiden: diejenigen allgemeinen Merkmale der (vollständigen) Vitalreihe aufzusuchen, welche für uns die wichtigeren sein möchten.

187. — Fingieren wir, um auch für diese einfachere Arbeit die Berechtigung nur relativer Anforderungen in Anspruch zu nehmen, für einmal ein

System C, infolge von dessen sekundären Änderungen jede beliebige Vitaldifferenz in einer nicht idealen Umgebung nicht allein vollständig, sondern auch in der denkbar einfachsten und nachhaltigsten Weise aufgehoben würde, so hätten wir, wie früher eine „ideale Umgebung", so jetzt ein „ideales System C".

Aber wie vorhin jene ideale Umgebung, so ist jetzt dies ideale System C eben nur als eine Fiktion zu behandeln; Berechtigung darf auch hier wieder nur für die Annahme beansprucht werden, dafs sich das System C der verschiedenen Organismen in sehr verschiedenen Formen und Stufen dem Ideal annähere — je nach der Gattung oder der Art, welcher der Organismus angehört, und je nach dem Grade sowohl seiner generellen als individuellen Entwicklung, bez. Rückentwicklung. Jede allgemeine Beschreibung der Vitalreihen könnte daher in Bezug auf einzelne Individuen nur mit den Einschränkungen gelten wollen, welche der jeweilig angenommene specielle Fall nach Gattungs-, Art- und Individualbeschaffenheit bedingt.

IV.

188. — Aus dem Begriff der vollständigen Vitalreihe folgt ferner:

Soll eine vollständige Vitalreihe gedacht werden, so kann sie nicht eher endend gedacht werden, als bis eine Änderung gesetzt ist, mit welcher Aufhebung der Vitaldifferenz gesetzt ist.

189. — Und endlich:

Soll eine vollständige Vitalreihe gedacht werden, so kann sie nicht über diejenige Änderung hinaus, mit welcher die Aufhebung der Vitaldifferenz gesetzt wurde, vermehrt gedacht werden.

enn entweder wird mit dieser Änderung das Erhaltungsmaximum erreicht gedacht, und dann mufs jede weitere Änderung den Maximalwert der Erhaltung verringernd, mithin eine neue Vitaldifferenz setzend und folglich als Glied einer neuen Vitalreihe gedacht werden; oder es wird mit irgend einer in einem bestimmten Zeitpunkt gesetzten Änderung das Erhaltungsmaximum nicht erreicht gedacht, und dann ist die Voraussetzung nicht erfüllt, unter welcher eine Vitalreihe als vollständig gedacht werden kann.

DRITTER ABSCHNITT.
Der Initialabschnitt der unabhängigen Vitalreihe.

ERSTES KAPITEL.
Die Vitaldifferenzen im allgemeinen.

I.

190. — Ein wichtiger Unterschied der Vitaldifferenzen, dessen Bedeutung aber voraussichtlich nicht mehr innerhalb der folgenden Untersuchung an Tag treten wird, werde hier nur erwähnt: der Unterschied zwischen **allgemeinen** und **speciellen** Vitaldifferenzen. Es ist denkbar, daſs sich die Schwankung auf ein oder mehrere specielle Partialsysteme beschränkt; es ist aber auch denkbar, daſs sie — etwa bei allgemeinen Ernährungsstörungen pathologischer Art — auch das **ganze** System C ergreift. Unsere allgemeine Theorie wird sich nur mit den Schwankungen specieller Partialsysteme, also mit speciellen Vitaldifferenzen zu beschäftigen haben; diese sind demnach, wenn nicht das Gegenteil ausdrücklich bemerkt wird, im folgenden überall gemeint.

II.

191. — Richten wir unser Augenmerk nunmehr auf die überhaupt denkbaren Fälle der positiv zuneh-

menden Schwankung, so mufs sich deren Art und Einteilung durch Variation ihres formalen Ausdrucks gewinnen lassen.

Da im vitalen Erhaltungsmaximum eines beliebigen centralen Partialsystems die partialsystematischen Faktoren desselben entgegengesetzt gleich sind, so gilt für den Fall, dafs die **Vitaldifferenz** δ gleich Null ist, die Gleichung:

$$\delta = f(R) + f(S) = 0.$$

Alle denkbaren Fälle solcher Variationen der partialsystematischen Faktoren, in welchen die Gleichung

$$\delta = f(R) + f(S) = 0$$

in die Ungleichung

$$\delta = f(R) + f(S) > 0$$

übergeführt wird, ergeben mithin auch die sämtlichen Fälle denkbarer positiv zunehmender Schwankungen; und umgekehrt ergeben alle denkbaren Fälle, in welchen die Ungleichung

$$\delta = f(R) + f(S) > 0$$

in die Gleichung

$$\delta = f(R) + f(S) = 0$$

zurückgeführt wird, die sämtlichen denkbaren Fälle negativ zunehmender Schwankungen.

192. — Die **einfachen** Formen der positiv zunehmenden Schwankung ergeben sich nun durch Variation **einer** der beiden Faktoren f(R) und f(S) in der Gleichung. Es kann dann die Variation des Faktors f(R) als **Arbeitsschwankung**, diejenige des Faktors f(S) als **Ernährungsschwankung** bezeichnet werden; die auf positiver Vermehrung des betreffenden partialsystematischen Faktors beruhende Aufhebung der Systemruhe haben wir bereits (n. 160) als **posi-**

tive, die auf negativer Vermehrung beruhende als negative Schwankung unterschieden.

193. — Jede dieser durch positive oder negative Vermehrung je eines der beiden partialsystematischen Faktoren erhaltenen 4 einfachen Formen der positiv zunehmenden Schwankung läfst dann wieder 2 einfache Formen der negativ zunehmenden zu:

1) es kann der variierte Wert selbst wieder um eine Änderung mit entgegengesetztem Vorzeichen vermehrt werden;

2) es kann der entgegengesetzte Wert um eine Änderung mit gleichem Vorzeichen vermehrt werden.

Diese einfachen Formen der positiv und negativ zunehmenden Schwankung würden sich als die Grundformen auffassen lassen, durch deren weitere Variation sich die sämtlichen anderen denkbaren Formen auffinden und einteilen liefsen.

194. — **In den Formen der Verminderung der Vitaldifferenz, sowie in allen Änderungsformen, welche wieder eventuell die Verminderungsformen bedingen, sind mithin die formalen Bedingungen enthalten, welche eine Systemänderung erfüllen mufs, wenn durch sie eine Vitaldifferenz soll aufgehoben werden können.**

III.

195. — Die Entwicklung aller denkbaren Formen der Vitaldifferenzen und ihrer Aufhebung nach Angabe von n. 191 ff., d. h. jene ganze Methode der Auffindung und Einteilung der sämtlichen überhaupt denkbaren Fälle der positiv und negativ zunehmenden Schwankung dürfte indessen erst wirklich fruchtbar

werden, wenn sie zugleich auf derjenigen wissenschaftlichen Grundlage angewendet würde, die vorerst eben noch zu gewinnen ist.

Haben wir uns aber einstweilen mit einem bescheideneren Verfahren zu begnügen, so folgt daraus nicht, dafs der allgemeine Gedanke jener angedeuteten Einteilungsmethode ganz unverwendet bleiben solle; doch mufs uns die im Sinne unserer Aufgabe **zweckmäfsige Auswahl** denkbarer Fälle dringlicher erscheinen, als eine an sich noch so wünschenswerte vollständige Aufzählung.

196. — Wir unterscheiden daher vor allem zwischen **erheblichen** und **unerheblichen** Vitaldifferenzen. Und zwar bezeichnen wir Schwankungen, welche als so geringfügig gedacht werden, dafs sie auf das Verhalten eines Systems C keinen einigermafsen nachhaltigen Einflufs ausüben, als unerhebliche Vitaldifferenzen. Alle andern Vitaldifferenzen dagegen, welche einen im Sinne unserer Untersuchung weitertragenden Einflufs auf das Verhalten des Systems ausübend gedacht werden, bezeichnen wir auch als erhebliche Vitaldifferenzen.

Die denkbaren erheblichen Vitaldifferenzen sämtlich weiter einzuteilen, erfordert wiederum unsere Aufgabe nicht; dieser hoffen wir zu genügen, wenn wir nur diejenigen erheblichen Vitaldifferenzen verzeichnen und bezeichnen, welche uns vorwiegend zu beschäftigen haben dürften.

ZWEITES KAPITEL.
Der auszuwählende Fall im besondern.
I.

197. — Um auch bei der Anführung und Anordnung der zu behandelnden Vitaldifferenzen genügend einfach verfahren zu können, bestimmen wir zunächst einen ganz beliebigen Fall, um ihn der Bestimmung aller übrigen Fälle zu Grunde zu legen — derart, dafs wir alle andern in Betracht zu ziehenden Vitaldifferenzen als Modifikationen des gewählten Falles behandeln dürfen.

Bei dieser Bestimmung des, wie wir kurz sagen wollen, Fundamentalfalles haben wir uns zu entscheiden, ob wir die Schwankung eines Haupt- oder Nebenpartialsystems, eine Arbeits- oder eine Ernährungsschwankung, eine positive oder negative und hierbei wieder die positiv oder negativ zunehmende Schwankung, eine innerhalb oder aufserhalb der physiologischen Bedingungen des Wachseins, eine gleichmäfsig oder ungleichmäfsig gesetzte, eine (wenigstens annähernd) gleichförmig oder möglichst ungleichförmig und wiederum durch ein einfacheres oder komplizierteres Verfahren aufgehobene Schwankung auswählen wollen; und zwar eines Individuums, welches noch in fortschreitender Entwicklung begriffen oder bereits in abgeschlossener Ausbildung befangen ist.

Für die zu treffende Entscheidung haben wieder die Gesichtspunkte der Einfachheit und Fruchtbarkeit mafsgebend zu sein.

198. — In ersterer Hinsicht erscheint der Aus-

gang von den an sich gleichförmiger bedingten Ernährungsschwankungen, von unserm Standpunkt aus, einfacher als derjenige von den vielförmiger bedingten Arbeitsschwankungen; der Ausgang von den innerhalb der Bedingungen des Schlafes gesetzten einfacher als von solchen, die im bunten Spiel wachen Lebens gesetzt werden; der Ausgang von den positiven und positiv zunehmenden Ernährungsschwankungen einfacher als der Ausgang von den negativen und negativ zunehmenden Ernährungsschwankungen, welcher letztere Ausgang unsere Untersuchung der Erhaltung des Systems C dem mit der Nahrungsgewinnung zusammenhängenden Verhalten näher führen würde als den Arbeitsformen, welche unserer Aufgabe näher stehen; der Ausgang ferner von den (annähernd) gleichmäfsig aufgehobenen Schwankungen einfacher als derjenige von den ungleichmäfsig gesetzten und ungleichmäfsig aufgehobenen; und endlich erscheint der Ausgang von Hauptpartialsystemen, welche sich bereits in wiederkehrender Übung funktionell und formell entwickelt haben, einfacher als von Nebenpartialsystemen, welche erst noch zu entwickeln sein würden.

199. — In Hinsicht der Fruchtbarkeit des auszuwählenden Falles leitet uns die folgende Erinnerung:

Im Mutterleib, als einer in Bezug auf R-Werte annähernd konstanten Umgebung, ist auch der Wert f(R) als annähernd konstant zu betrachten, während der Wert f(S), gebunden an die Änderungen des mütterlichen Nahrungsverkehrs, mannigfachen Schwankungen unterworfen gedacht werden mufs. Diese Ernährungsschwankungen des ungebornen Kindes können aber jedenfalls nicht mit speciellen E-Werten von uns verbunden werden, sofern als das System C vor der Geburt unter die Bedingungen des Schlafes gestellt zu denken ist. Seine Ernährungsschwankungen werden sonach erst mit speciellen E-Werten für uns verbindbar, wenn das Kind aus dem mütterlichen Schofs ausgestofsen ist, da von nun an — zuerst durch den Gewaltakt der Geburt, sodann durch den eigenen täglichen Ernährungsrhythmus — das System C wenigstens zeitweilig den Bedingungen des Schlafes enthoben ist.

Wie uns aber der Ausgang unserer Betrachtung von einem Individuum, dessen centrale Partialsysteme sich bereits in wiederkehrender Übung aus Neben- zu Hauptpartialsystemen funktionell und formell bestimmt haben, einfacher schien; so mufs uns der Fortgang unserer Untersuchung fruchtbarer erscheinen, wenn ein Individuum den Fundamentalfall bildet, welches sich weder innerhalb seiner Entwicklung vor oder zu nahe seiner Entwicklung unmittelbar nach der Geburt, noch aber auch schon sich in einer Lebensphase befindet, in welcher es zum Entwicklungsstillstand gelangt ist.

200. — In Anschlufs an diese Erinnerung würden wir für den Fundamentalfall eine positive und positiv zunehmende Ernährungsschwankung bevorzugen, welche gesetzt ist innerhalb der Bedingungen des Schlafes, aber aufgehoben ist innerhalb der Bedingungen des Wachseins; wir bevorzugen eine positive und positiv zunehmende Ernährungsschwankung, weil unser Gegenstand uns eine Untersuchung solcher wenigstens individueller Kulturstufen oder Formen, welchen die Aufsuchung und Aufnahme von Nahrungsstoff nicht mehr die vorherrschende Erhaltungsbedingung ist, ergiebiger erscheinen lassen mufs, als die Untersuchung solcher Kulturstufen oder Formen, deren noch leistbare Arbeit

nur eben in der Beschaffung von Nahrungsmitteln aufgeht; wir wählen eine **gleichmäfsig gesetzte** und durch **gleichmäfsige** Arbeitsvermehrung aufgehobene, bez. gewöhnlich aufhebbare Ernährungsschwankung, weil auf ihr, je mehr der Organismus ausgebildet ist, auch die Gleichmäfsigkeit der Erhaltung beruhend zu denken ist; wir wählen **Hauptpartialsysteme**, weil wir uns der relevanten Schwankungen zu versichern haben, und zwar wählen wir solche Partialsysteme, welche sich aus Nebenpartialsystemen — gerade in dem angegebenen Rhythmus von annähernd gleichmäfsig wiederkehrenden Ernährungs- und Arbeitsänderungen und in Abhängigkeit von deren Gröfsen und Formen — zu funktionell und formell bestimmten Hauptpartialsystemen entwickelt haben. Und alles das bei einem Individuum, das noch in fortschreitender Entwicklung begriffen ist, weil nur die Untersuchung solcher Individuen von zugleich praktischer Bedeutung zu werden versprechen kann.

Mit letzterem braucht nicht ausgeschlossen zu sein, dafs diese Entwicklung von vornherein durch vererbte oder sonst angeborene Anlage unterstützt sein kann.

201. — Wir wählen mithin zu dem unserer Untersuchung zu Grunde zu legenden Fall:

ein centrales Partialsystem, welches, einem entwicklungsfähigen Individuum zugehörig, bei Setzung der Bedingungen des Wachseins bereits mit einer gleichmäfsigen (auf ursprünglicher Anlage oder früherer Erwerbung beruhenden) Ernährungsvermehrung versehen ist; denken dazu eine Arbeitsvermehrung, welche — mit den Bedingungen des Wachseins und durch die Umgebung nach Gröfse und Form ebenfalls gleichmäfsig gesetzt — die angegebene Ernährungsvermehrung hinreichend gleichmäfsig und hinreichend lange aufgehoben hat, um durch die solcherart mitgesetzte anhaltende und bestimmt gerichtete Übung das zugehörige Partialsystem zu einem funktionell und formell differenzierten Hauptpartialsystem zu entwickeln.

Die *Gleichmäfsigkeit* soll nur für die Vergleichung zeitlich nahe bei einander liegender Entwicklungsmomente beansprucht — die Entstehung gröfserer Differenzen bei zeitlich weiter auseinander liegenden Entwicklungsmomenten also nicht aufser Berücksichtigung gelassen sein.

II.

202. — Wir bezeichnen die im ausgewählten Fall gesetzte gleichmäfsige Ernährungsvermehrung, mit welcher ein Hauptpartialsystem beim Eintreten in die Bedingungen des Wachseins versehen gedacht wird, als das partialsystematische Moment Π; die zugehörige gleichmäfsige Arbeitsvermehrung, durch welche dieselbe — nach der Annahme des ausgewählten Falles — hinreichend gleichmäfsig und lange täglich aufgehoben worden ist, als das partialsystematische Komoment Γ. Und entsprechend werden wir die Erhebung einer Arbeitsänderung zum Werte eines partialsystematischen Komomentes als positive, die Herabsetzung dieses Wertes als negative Komomentierung bezeichnen.

Nicht jede Schwankung des Systems C ist ein partialsystematisches Komoment Γ; aber jedes partialsystematische Komoment Γ ist zugleich eine Systemschwankung.

203. — Die Setzungen der partialsystematischen Momente Π ergeben für die Einteilung der von uns zu behandelnden Vitaldifferenzen nun zugleich, wie wir sie, im Anschlufs an unsere Unterscheidung der

Schwankungsordnungen (n. 177) und jene Unterscheidung für unsere Zwecke etwas näher bestimmend bezeichnen wollen, die **Vitaldifferenzen erster Ordnung**.

204. — Die sämtlichen weiteren in Betracht zu ziehenden Fälle der Vitaldifferenzen überhaupt würde man durch Variationen des n. 201 ausgewählten Falles erhalten; die allgemeinsten und einfachsten Modifikationen folglich, wenn man nur je einen der zwei Werte Π und Γ variiert und den andern konstant beläfst.

In jedem dieser Fälle ist die Aufhebung, welche durch das Zusammentreten der *unveränderten* Werte gesetzt war, einer Abänderung unterworfen — durch beide Fälle mithin zwei Arten einfacher abgeleiteter Vitaldifferenzen gesetzt zu denken. Wir bezeichnen solche abgeleitete Vitaldifferenzen je nach der Komplikation ihrer Setzung als **Vitaldifferenzen zweiter, dritter u. s. w. Ordnung**.

205. — Solche Vitaldifferenzen höherer Ordnung können bei den Komomenten Γ sowohl durch deren quantitative als qualitative Variation erreicht werden; bei den Momenten Π durch Vermehrung oder Verminderung der ehemals gleichmäfsig gesetzten Ernährungsvermehrung.

206. — Endlich ist ein Specialfall der Änderung von Komomenten denkbar, der wegen seiner Bedeutung für unsere Zwecke besonders hervorgehoben zu werden verdient.

Wir gewannen von den Komomenten aus eine Vitaldifferenz zweiter Ordnung, indem wir die der Umgebung angehörigen Bedingungen ihrer Setzung variiert dachten; allein es bleibt auch eine von der Umgebung in gewissem Sinne unabhängige Variation der Komomente denkbar — nämlich durch die Koexistenz mit einem zweiten partialsystematischen Komoment, das in Bezug auf das erstgesetzte selbst als Änderungsbedingung gedacht wird.

207. — Die Änderung von Komomenten durch **qualitative** Abweichungen erfordert noch eine kurze Bemerkung. — Dafs die Gleichheit der partialsystematischen Faktoren aufgehoben ist, wenn die gesetzte Arbeitsvermehrung zwar qualitativ den Komomenten gleich geblieben ist, quantitativ von ihr aber abweicht, bedarf keiner Erläuterung; dafs indessen diese Aufhebung auch gesetzt ist, wenn die gesetzte Arbeitsvermehrung quantitativ gleich blieb und nur qualitativ von dem Komoment abweicht, folgt daraus, dafs man auch die **qualitative** Abweichung auf einen **quantitativen** Ausdruck bringen kann: Nach unserer Voraussetzung ist das sich ändernde Partialsystem in seiner Änderungsform durch die annähernd gleichmäfsig und hinreichend lange übenden Umgebungsbestandteile funktionell und formell bestimmt worden; denken wir nun dem Partialsystem eine andere als diese bestimmte, dem Komoment eignende Änderungsform abgenötigt, so denken wir zugleich eine Beschränkung oder Aufhebung, mithin eine Änderung der dem Partialsystem anentwickelten Bestimmungen, auf welchen das Komoment beruhte.

208. — Die Vitaldifferenz vom Werte Null endlich, wie sie im vitalen Erhaltungsmaximum gesetzt ist, werde konform mit der entsprechenden Schwankungsbezeichnung (n. 177) eine **Vitaldifferenz 0ter Ordnung** genannt.

III.

209. — Die angegebenen Vitaldifferenzen sind als **denkbare** eingeführt, d. h. als solche, welche dem Begriff des Systems C nicht widersprechen. Wir werfen noch einen Blick auf ihr Verhältnis zu unserer allgemeinen empiriokritischen Voraussetzung.

Was vor allem den ausgewählten Fall anbetrifft, so dürften in unseren Voraussetzungen, bez. in den Ergebnissen unserer Analyse die sämtlichen Bedingungen seiner Setzung enthalten sein; insbesondere die Setzung **gleichmäfsiger Arbeitsschwankungen** in der Voraussetzung **relativ konstanter, bez. hinreichend gleichmäfsig wiederkehrender** Bestandteile derjenigen Umgebung, in welche ein Individuum zuerst am Tage seiner Geburt, dann wieder täglich beim Erwachen versetzt wird (vgl. n. 22 f.), und die **Entwicklung** der Partialsysteme infolge jener Übung zu formell und funktionell bestimmten **Hauptpartialsystemen** in den Ergebnissen unserer Analyse (s. n. 76 und 118). Da nun aber die gleichmäfsige Arbeitsübung Hand in Hand mit einer sich befestigenden Ernährungsgewöhnung gehen mufs, ansonst die gleichmäfsige Arbeitsübung auf die Dauer nicht gesetzt werden könnte, die Ernährungsgewöhnung aber eine sowohl die Arbeitsvermehrung gleichmäfsig aufhebende, als durch die Arbeitsvermehrung gleichmäfsig aufgehobene sein kann, so ist auch die Bedingung zur Annahme und Zugrundelegung des ausgewählten Falles nach Seite der **gleichmäfsigen Arbeitsvermehrung** in unserer allgemeinen Voraussetzung enthalten.

210. — Auch die Vitaldifferenz höherer Ordnung ist in unseren Voraussetzungen impliziert.

Da nämlich die Annahme des ausgewählten Falles

auf der Voraussetzung eines gleichmäfsigen Rhythmus von Ernährungs- und Arbeitsschwankungen beruht, d. h. auf der gleichmäfsigen Wiederkehr bestimmter Ernährungs- und Arbeitsvermehrungen eines formell und funktionell bestimmten Partialsystems; da ferner die Bestimmung und Bestimmtheit aller dieser Werte aber wieder in der Beschaffenheit der Umgebung und des Systems C selbst ihre Bedingungen haben; diese Bedingungen endlich von uns als veränderliche vorausgesetzt wurden (vgl. n. 21 ff.): so müssen wir, mit den zulässigen Änderungen der Bedingungen, auch die Änderungen des Bedingten, mithin solche Änderungen, sei es der Umgebungsbestandteile, sei es des Systems C, zulassen, mit welchen eine Abweichung von der bisherigen Gleichmäfsigkeit (bez. Gleichförmigkeit) sei es in Bezug auf das Komoment Γ oder in Hinsicht des Momentes II selbst gesetzt ist.

211. — Im besondern entspricht es in Bezug auf die Umgebung unsern gemachten Voraussetzungen,

in allen Fällen, wo das Komoment Γ — dem Grad nach — von der Gröfse der Änderungsbedingung R abhängig oder speciell als *mathematische Funktion* der Zeit oder Entfernung gedacht ist, diese Gröfse oder Zeit der Entfernung, in welcher R gesetzt ist —

oder in all den Fällen, wo das Komoment Γ — nach seiner Form — von einer bestimmten Art oder Kombination der Umgebungsbestandteile abhängig gedacht wird, diese Art oder Kombination —

durch irgendwelche hinzutretende Änderungsbedingungen derart geändert denken zu können, dafs dadurch die Bedingung für die Setzung von Vitaldifferenzen höherer Ordnung gegeben ist.

212. — So entspricht es auch einerseits unseren Voraussetzungen, nach all den qualitativen und quantitativen Beziehungen, in welchen eine Ernährungsschwankung von den zugeführten Nahrungsstoffen, der eingeatmeten Luft, dem Luftdruck, der Temperatur, von der körperlichen Bewegung u. s. w. abhängig gedacht wird, diese Bedingungen, einzeln oder zusammen, so variiert zu denken, daſs dadurch in erster Linie die Setzung der bisher gleichmäſsigen Ernährungsschwankung in diesem Falle nicht zugelassen wird.

213. — Andrerseits ist es ebenso in Übereinstimmung mit den Ergebnissen unserer Analyse, wenn wir, bei Konstanterhaltung der äuſseren Ernährungsverhältnisse, sei es durch weiterschreitende, von der vermehrten oder verminderten Übung abhängige formale Umbildungen, sei es durch einen der physiologisch gesetzten typischen Entwicklungsprozesse, sei es durch Entfaltung einer pathologischen Anlage (Vererbung) u. ä. die Ernährungsbestimmtheit eines centralen Partialsystems und damit auch das zugehörige Moment II geändert denken.

214. — Endlich ist auch die Annahme eventueller Vitaldifferenzen des n. 206 besonders angemerkten Specialfalles in unserer allgemeinen Voraussetzung mitenthalten, sofern das System C durch konkurrierende Änderungsbedingungen in die Lage versetzt werden kann, mehrere relativ unabhängig voneinander eingeübte Schwankungen, welche formverwandt sind, d. h. deren Formen zum Teil gleiche, zum Teil differente sind, so annähernd gleichzeitig zu vollziehen, daſs jede die Bedeutung einer Änderungsbedingung für die andere annimmt. Sind nun zugleich die beiden zusammen-

stofsenden Schwankungen Komomente, so würde aus deren Änderungen derjenige kompliziertere Specialfall von Vitaldifferenzen höherer Ordnung entstehen, welchen wir n. 206 ausgezeichnet haben.

Die Unterscheidung der Ordnungen ist — hier wie auch sonst — aus praktischen Gründen weder so scharf sondernd, noch so reich gliedernd genommen, als an sich vielleicht wünschenswert sein mag. Unsere Ordnungen sollen nur ein stark vereinfachtes und schematisiertes, aber auch bequemes Bild unbegrenzt vieler Abstufungen, Schattierungen und Gliederungen geben.

IV.

215. — Gesetzt nun, ein Partialsystem, wie solches im ausgewählten Fall angenommen, sei in dem Zeitpunkt, in welchem es unter die Bedingungen des Wachseins gestellt wird, mit einem beliebigen partialsystematischen Moment II versehen, so mufs — sofern das System C unter Verminderungen seines vitalen Erhaltungswertes sich behauptend vorausgesetzt wird — ebendamit auch eine entsprechende negativ zunehmende Schwankung gefordert werden.

Ward das Moment II gesetzt, so können nun weiter die Bedingungen seiner Aufhebung, d. h. die Bedingungen für die Setzung des zugehörigen Komoments Γ, vorausgesetzt werden

Fall I: unverändert,
Fall II: verändert.

216. — Fall I. Werden unveränderte Bedingungen vorausgesetzt, so wird die Vitalreihe auch ganz in der Weise, wie sie ablief, wieder ablaufend zu denken sein. Wir wollen diesen einfachsten Fall einer Vitalreihe — welcher Fall unserer Untersuchung keine

besonderen Mannigfaltigkeiten bietet — bezeichnen als **Vitalreihe erster Ordnung**.

217. — **Fall II.** Werden veränderte Bedingungen vorausgesetzt, so können sie weiter vorausgesetzt werden als verändert:

  Fall A) **nach** ⎱ Beginn der negativ zuneh-
  Fall B) **vor** ⎰ menden Schwankung.

In beiden Fällen erhalten wir ein **variiertes Komoment** Γ und damit eine **Vitaldifferenz höherer Ordnung**.

Es schaltet sich somit in der Vitalreihe erster Ordnung eine Zwischenreihe oder — wie sie entsprechend zu nennen sein würde — eine **Vitalreihe höherer Ordnung** ein, deren Einleitung eine Medialänderung erster Ordnung und deren Medial- und Finaländerungen (also die *Medial-* und *Finaländerungen höherer Ordnung*) erst nur den **Übergang** zu dem völligen Abschluſs der ganzen Behauptung, d. h. der Vitalreihe erster Ordnung bilden würden.

218. — Es kann die Variation des Komomentes Γ ferner sein (nach n. 205):

  1) eine quantitative — die Gröſse betreffend,
  2) eine qualitative — die Form betreffend.

Da sich auch die qualitative Variation auf einen quantitativen Ausdruck bringen läſst (n. 207), so dürfte der Unterschied für die Analyse kein wesentlicher sein; wohl aber möchte sich für unsern speciellen Zweck die besondere Hervorhebung der qualitativen Variation empfehlen.

Bezeichnet Γ die unvariierte Form des partialsystematischen Komomentes, so werde der Wert, um welchen also Γ in der Variation vermehrt gedacht werden soll, mit $\Delta\Gamma$ bezeichnet. Es würde nun im allgemeinen in Fall A erst die unvariierte Form $\varGamma$, dann die variierte Form $\varGamma + \varDelta\varGamma$ anzunehmen sein; während dagegen in Fall B die weitere Gliederung der Reihe davon abhängen wird, ob das unvariierte Komoment und das variierte gleiche oder verschiedene Zeiten haben, so dafs, da die Zeiten selbst als veränderliche denkbar sind, in Bezug speciell auf die Einleitung von Reihen höherer Ordnung verschiedene Fälle gedacht werden können:

219. — 1) Unvariiertes und variiertes Komoment haben infolge irgendwelcher Änderungsbedingungen verschwindend kleine Zeitunterschiede, und ergeben somit eine zeitlich annähernd zusammenfallende Form der Arbeitsvermehrung; und d. h.: es resultiert eine, wie wir sie nennen können, komplikative Vitalreihen-Einleitung: $\varGamma + \varDelta\varGamma$.

220. — 2) Unvariiertes und variiertes Komoment haben verschiedene Zeiten und es werden somit 2 zeitlich auseinander fallende Formen gesetzt. Dieser Fall ergiebt mithin eine explikative Vitalreihen-Einleitung: $\varGamma, \varGamma + \varDelta\varGamma$.

221. — 3) Die Zeiten sind zwar verschiedene, aber doch durch irgendwelche Bedingungen derart bestimmt, dafs **während** die eine Änderung besteht, die andere dazu tritt, oder nachdem beide gesetzt waren, die eine die andere **überdauert**; so erhält man zwar auch eine explikative Einleitung, aber doch zugleich eine solche, von welcher ein — in zusammengesetzten Fällen — mehrere Glieder für sich wieder eine komplikative darstellen. Dies würde also **gemischte** Vitalreihen-Einleitungen mannigfaltigster Art ergeben. Zum Beispiel: $\varGamma + \varDelta\varGamma, \varGamma$.

222. — Von diesen denkbaren Fällen heben wir

denjenigen hervor, welcher für unsere Zwecke am meisten in Betracht kommt.

Es ist dies von den angeführten der zweite (n. 220): also der Fall, in welchem die **Initialänderung (höherer Ordnung)** streng genommen erst eintritt, nachdem ein Zeitteil vorher das partialsystematische Komoment seiner Form nach unverändert verwirklicht war.

Dieser Zeitteil ergiebt dann einen **Vorabschnitt** der eigentlichen Vitalreihe höherer Ordnung. Es nähert sich durch ihn die Gliederung des Falles B derjenigen von A an, wo gleichfalls die Form Γ vor der Form $\Gamma + \Delta \Gamma$ gesetzt gedacht wird; so dafs dann Γ zugleich den Wert einer Medialänderung erster Ordnung und des Vorabschnittes der Initialänderung höherer Ordnung vertritt.

Hiermit dürfte der Fall genügend umschrieben sein, an welchen unsere weitere Analyse anzuknüpfen hätte.

VIERTER ABSCHNITT.
Medial- und Finaländerungen der unabhängigen Vitalreihe.

ERSTES KAPITEL.
Allgemeines.

I.

223. — Aus dem Begriff des Medialabschnitts folgt, dafs zu ihm alle Änderungen des Systems C zu rechnen sind, welche sich zwischen die Einführung der Vitaldifferenz und ihre Aufhebung einordnen (n. 182). Da nun die Verwirklichung jeder beliebigen Änderung infolge irgendwelcher momentanen Bedingungskombination innerhalb jener zeitlichen Grenzen denkbar ist, so folgt, dafs jede beliebige denkbare Änderung des Systems C auch als denkbare Medialänderung behandelt werden kann.

Hieraus läfst sich aber nicht weiter folgern, dafs auch jede beliebige denkbare Medialänderung zugleich als *eigentliche Vermittelung* für die Finaländerung der gleichen Ordnung gedacht werden könnte; das kann sie vielmehr nur, sofern sie (nach n. 194) zugleich die formalen Bedingungen der Vitaldifferenz-Aufhebung erfüllend gedacht werden kann.

224. — Wir unterscheiden daher die denkbaren Medialänderungen überhaupt in solche, welche zugleich die formalen Bedingungen der Vitaldifferenz-Aufhebung erfüllend gedacht werden: **die Medialänderungen als eigentliche Vermittelungen der Finaländerung**; und in solche, welche nicht zugleich als Vermittelungen im angegebenen Sinn gedacht werden können: **die Medialänderungen als blofs dazwischenlaufende Mitänderungen.**

So wichtig es in mancher Hinsicht ist, die blofs dazwischenlaufenden Änderungen nicht ganz aufser acht zu lassen, so sind es doch die eigentlich vermittelnden Änderungen, welche wir vorderhand ins Auge fassen müssen.

II.

225. — Denken wir ein System C wenigstens insoweit dem Ideal (n. 187) angenähert, als es für eine **beschränkte** Zahl Fälle und innerhalb eines **begrenzten** Zeitraumes in einer nicht-idealen Umgebung unter Verminderungen seines vitalen Erhaltungswertes sich **vollständig** behaupten können soll, so specialisiert sich mithin für jede dem System C als denkbar zugeschriebene vollständige Erhaltung der allgemeine Satz n. 188 für die Vitalreihe in Bezug auf den Medialabschnitt — und unter Einbeziehung weiterer Ergebnisse unserer Analyse — dahin:

> Soll eine Vitalreihe eines Systems C als vollständige gedacht werden können, so mufs der Medialabschnitt jeder Ordnung solange verlängert gedacht werden, bis sich eine Änderung anreiht, welche die formalen Bedingungen der

Aufhebung der Vitaldifferenz gleicher Ordnung erfüllt.

III.

226. — Für den Fall I (s. n. 215 ff.): **Voraussetzung unveränderter Bedingungen für die Setzung des einem partialsystematischen Moment Π zugehörigen Komomentes Γ** — also bei der Vitalreihe erster Ordnung — lassen sich die gleichen Arbeits-Formen und -Massen, unter deren gleichmäfsiger Setzung sich das betreffende Partialsystem zu einem Hauptpartialsystem entwickelt hatte, auch als diejenige quantitative und qualitative Arbeitsvermehrung denken, vermöge welcher sich dasselbe nun behauptet. D. h.: **das unveränderte Komoment fungiert einfach als Medialänderung** (erster Ordnung); und sowie das System C mit dem unveränderten Komoment versehen gedacht wird, ist es — falls das Komoment unverändert bleibt — auch seiner Finaländerung (erster Ordnung) einfach versichert.

227. — Falls dagegen das partialsystematische Komoment aber nicht unverändert bleibt, sondern variiert wird, **so müssen die Medialänderungen als solche Änderungen gedacht werden, welche erst die Variation des Komomentes aufheben.** D. h.: **es geht Fall I in Fall II über**; eine Vitaldifferenz höherer Ordnung ist gesetzt und es mufs — unter der Voraussetzung vollständiger Behauptung — eine Vitalreihe höherer Ordnung eingeschaltet werden.

228. — Und wie im Fall I die Medialänderung einfach der Form nach aus dem Komoment besteht, welches — als entsprechende negativ zunehmende Schwankung — die Vitaldifferenz ihrer Aufhebung entgegenführt (s. n. 226), so müssen jetzt die Medialänderungen als solche gedacht werden, welche die Variation des Komomentes ihrer Aufhebung annähern. Und wie im Fall I die Finaländerung der Vitalreihe erster Ordnung in eben dieser Aufhebung des einfachen Unterschieds von der Systemruhe besteht, so wird die Finaländerung höherer Ordnung in der Aufhebung des Unterschiedes von dem Komoment, also der Komomenten-Variation zu bestehen haben.

Durch die Finaländerung höherer Ordnung somit geht der Fall II in den Fall I zurück: an Stelle der Vitalreihe höherer Ordnung tritt wieder die Vitalreihe erster Ordnung.

229. — Der Fall I schließt nicht aus, daß das Komoment — als die entsprechende, negativ zunehmende Schwankung — selbst erst durch irgendwelche weitere Änderungen bedingt und herbeigeführt gedacht werden kann. Je reiner herausgebildet der Fall I angenommen wird, je mehr werden auch diese Änderungen sich dem Werte eines partialsystematischen Komomentes annähern, so daß ihr zugehöriges Partialsystem sich selbst nur vollständig zu behaupten vermag, indem es der vollständigen Behauptung eines andern Partialsystems dient.

230. — Im übrigen sind die Medialänderungen erster Ordnung im wesentlichen keine anderen, als wie sie auch bei den Vitalreihen höherer Ordnung gesetzt sind oder sein können; so ziehen wir denn vor, sie bei den Medialänderungen höherer Ordnung mit zu behandeln, als an welcher Stelle ihre Analyse am meisten unserem Zweck entspricht. Aus dem gleichen

Grunde mögen auch die Arten der Komomente überhaupt ihre erforderlich nähere Berücksichtigung erst im folgenden finden.

ZWEITES KAPITEL.
Ausgewählte Fälle denkbarer Vermittelungen.

I.

231. — Wir versuchen zunächst unseren Voraussetzungen zu entnehmen, wie wir überhaupt die **formalen Bedingungen** zur Aufhebung einer Vitaldifferenz höherer Ordnung zu denken haben.

Nach unserem ausgewählten Fall, in welchem die Setzung des partialsystematischen Momentes II den Fall einer Vitaldifferenz erster Ordnung darstellt (n. 203), fände letztere ihren analytischen Ausdruck in der Ungleichung

$$\delta = f(R) + [f(S) + II] > 0.$$

Dagegen die Vitaldifferenz höherer Ordnung, die wir mit δ' bezeichnen wollen, nach n. 204 in der Ungleichung

$$\delta' = [f(R) + \Gamma] + [f(S) + II] > 0.$$

232. — Denkt man sich von den n Hauptpartialsystemen des Systems C eine Anzahl k mit einer Vitaldifferenz höherer Ordnung versehen, die übrigen n—k ohne eine solche, so ist für die n Hauptpartialsysteme

$$\delta'_1 > 0$$
$$\delta'_2 > 0$$
$$\vdots$$
$$\delta'_k > 0$$

$$\delta'_{k+1} = 0$$
$$\delta'_{k+2} = 0$$
$$\vdots$$
$$\delta'_n = 0,$$

mithin für das ganze System C:
$$\Sigma \delta' = [\Sigma\, f(R) + \Sigma \Gamma] + [\Sigma\, f(S) + \Sigma \Pi] \rangle\, 0.$$

233. — Wie (n. 191) alle denkbaren Fälle, in welchen die Gleichung
$$\delta = f(R) + f(S) = 0$$
in die Ungleichung
$$\delta = f(R) + f(S) \rangle\, 0$$
übergeführt wird, die sämtlichen Fälle positiv — und umgekehrt, die denkbaren Fälle der Zurückführung dieser Ungleichung in jene Gleichung die sämtlichen Fälle negativ zunehmender Schwankung ergeben würden; so würden jetzt die **denkbaren Fälle der Vitaldifferenz höherer Ordnung und ihrer Aufhebung** sich durch eine analoge Behandlung der zugehörigen Gleichungen auffinden lassen. Aber so wenig wie an jener, entspräche an dieser Stelle eine solche Aufzählung unserer nächsten Aufgabe. Wir haben uns jetzt vielmehr — im Anschluſs an den n. 201 zu Grunde gelegten Fall — nur an einigen ausgewählten Fällen zu vergegenwärtigen, durch welche Variationen der Ungleichung
$$\delta' = [f(R) + \Gamma] + [f(S) + \Pi] \rangle\, 0,$$
bez. für das System C:
$$\Sigma\, \delta' = [\Sigma\, f(R) + \Sigma \Gamma] + [\Sigma\, f(S) + \Sigma \Pi] \rangle\, 0$$
die formalen Bedingungen zur Aufhebung der Vitaldifferenz höherer Ordnung erfüllt gedacht werden können.

Die nächstfolgende Aufgabe würde sein, die Änderungen des Systems C, welche die Analyse ergab, unter dem Gesichtspunkt der denkbaren *eigentlichen Vermittelung* (n. 224) auszuwählen und einzuteilen; dann hervorzuheben, inwiefern sie die formalen Bedingungen der Aufhebung erfüllend gedacht werden können; und endlich bliebe wenigstens im allgemeinen zu untersuchen, unter welchen Bedingungen die ausgewählten denkbaren Vermittelungen als wirkliche vorausgesetzt werden könnten oder nicht.

234. — Fall A. Angenommen, es sei eine Vitaldifferenz höherer Ordnung gesetzt, etwa

$$\delta''_1 = [f(R_1) + \varGamma_1] + [f(S_1) + \varPi_1] > 0,$$

so ist denkbar, dafs die Umgebungskombination, welcher das System C exponiert wird, (überhaupt oder vorläufig) in gar keiner direkten funktionellen Beziehung zu dem zugehörigen Partialsystem c_1 steht; und dann wird die nächste Änderung, welche überhaupt die formalen Bedingungen zur Aufhebung einer Vitaldifferenz höherer Ordnung erfüllend gedacht werden kann, eine solche sein, die dem System C erst nur eine Änderungsbedingung verschafft, welche mit c_1 in funktioneller Beziehung steht.

235. — Fall B. Dagegen wird für den umgekehrten Fall, dafs die Umgebungskombination bereits mit dem in positiv zunehmender Schwankung befindlichen Partialsystem c_1 in funktioneller Beziehung steht, eine Änderung, welche diese Beziehung wieder überhaupt aufheben würde, nicht die formalen Bedingungen zur Differenzaufhebung erfüllend gedacht werden müssen.

Im Fall A wird also schon jede Medialänderung den Wert einer eigentlich vermittelnden annehmen, welche nur erst das in positiv zunehmender Schwankung befindliche Hauptpartialsystem seinen entsprechenden Änderungsbedingungen überhaupt darbietet.

II.

236. — Aus dem allgemeinen Fall B nun, dafs das in positiv zunehmender Schwankung befindliche Hauptpartialsystem überhaupt seiner Änderungsbedingung exponiert ist, heben wir nur die folgenden specielleren Fälle heraus, welche sämtlich mit dem für uns wichtigsten Falle in Beziehung stehen, dafs die Vitaldifferenz höherer Ordnung sich auf der Variation speciell des dem Partialsystem c_1 zugehörigen Komomentes Γ_1, also auf Vermehrung des Wertes Γ_1 um $\varDelta\Gamma_1$ begründe.

Es kann dann die Gleichung
$$\Sigma\,\delta' = [\Sigma\,f(R) + \Sigma\Gamma] + [\Sigma\,f(S) + \Sigma\varPi] = 0$$
wieder hergestellt werden:

1) durch Vermehrung des Wertes $\Gamma_1 + \varDelta\Gamma_1$ in der Ungleichung
$$\{f(R_1) + [\Gamma_1 + \varDelta\Gamma_1]\} + [f(S_1) + \varPi_1] > 0$$
um den Wert $-\varDelta\Gamma_1$; und zwar

a) indem die Änderungsbedingung im entgegengesetzten Sinne vermehrt wird; oder

b) indem die Änderung auf ein anderes Partialsystem übertragen wird.

Im Falle a wird durch die Wiederherstellung der Gleichung für das Partialsystem c_1 ohne weiteres auch die Gleichung für das ganze System C wiederhergestellt sein. Im Falle b werden dazu aber noch andere Bedingungen erforderlich sein, z. B. dafs das Partialsystem, welchem die Änderung zugeleitet worden ist, entweder ein Nebenpartialsystem sei, oder ein solches Hauptpartialsystem c_2, für welches die zugeleitete Änderung keine qualitative Variation mehr bedeutet, sofern seine eigentümlichen Änderungen selbst bereits dieselbe der Form nach inkludieren, und für welches infolgedessen die mit dem Änderungszuwuchs gesetzte Arbeitsvermehrung nur die Bedeutung einer unerheblichen Schwankung hat.

Ein besonderer Fall würde sein, wenn der zugeleitete Änderungszuwuchs bei dem zweiten Hauptpartialsystem eine bereits bestehende Ernährungsschwankung aufhebt.

237. — Es kann die Gleichung
$$\Sigma \, \delta' = [\Sigma \, f(R) + \Sigma I\,] + [\Sigma \, f(S) + \Sigma II] = 0$$
wiederhergestellt werden:

2) durch Vermehrung des Wertes II_1 um einen entsprechenden Wert $\varDelta II_1$. — Auch in diesem Falle ist die obige Gleichung wiederhergestellt einfach durch Wiederherstellung der Gleichung für das Partialsystem c_1.

238. — 3) Durch negative Komomentierung des Wertes $\varGamma_1$ in $\varGamma_1 + \varDelta \varGamma_1$, indem das zugehörige Hauptpartialsystem c_1 zu einem Nebenpartialsystem zurückentwickelt wird und statt dessen ein ehemaliges Nebenpartialsystem zum Hauptpartialsystem wird, dessen Änderungen — als nunmehriges Komoment — in den Änderungsbedingungen, welche das frühere $\varGamma_1$ variierten, nicht mehr Bedingungen ihrer Variation haben. In diesem Falle ist die Gleichung für das ganze System C dadurch wiederhergestellt worden, daſs das Partialsystem, welchem die Ungleichung
$$[f(R) + \varGamma] + [f(S) + II] > 0$$
zugehörte, aus der Reihe der Hauptpartialsysteme überhaupt aus- und dafür ein anderes Partialsystem eingeschaltet worden ist, dessen zugehörige Vitalwerte die Gleichung
$$[f(R) + \varGamma] + [f(S) + II] = 0$$
ergeben.

DRITTES KAPITEL.
Die denkbaren Änderungen des Systems C als Vermittelungen.

I.

239. — Unsere nächste Aufgabe besteht nach n. 233 (Absatz 2) darin, die Änderungen des Systems C, über welche es, nach Ergebnis unserer Analyse (n. 84 ff.), verfügt, unter dem Gesichtspunkt der denkbaren *eigentlichen Vermittelung* einer negativ zunehmenden Schwankung auszuwählen und einzuteilen.

Vor allem hätten wir die Voraussetzung hervorzuheben, dafs solche eigentlich vermittelnde Medialänderungen sowohl abhängig als auch unabhängig vom System C gesetzt sein können.

Eine vom System C unabhängige Änderung, welche dennoch als Vermittelung für eine negativ zunehmende Schwankung gedacht werden kann, wird überall da gesetzt sein, wo die positiv zunehmende Schwankung auf Umgebungsänderungen beruhte und eine zweite Umgebungsänderung, welche in entgegengesetztem Sinne das System C ändert, unabhängig von diesem durch beliebige Änderungsbedingungen gesetzt wird.

240. — Die einfache Anführung dieser Art eine negativ zunehmende Schwankung vermittelnder Änderungen mag genügen; etwas eingehender dagegen sind die vom System C abhängigen Änderungen, sofern sie zugleich als Vermittelungen denkbar sein sollen, zu analysieren.

Die hier auszuwählenden Arten lassen sich nach dreifachem Gesichtspunkt unterscheiden:

I) nach ihrem Zusammenhang mit dem System C selbst;

II) nach ihrer Beschaffenheit als funktionelle oder formelle Änderung des Systems C;

III) nach der Zeit, welche sie zu ihrer vollständigen Setzung beanspruchend gedacht werden.

II.

241. I. Demnach unterscheiden wir zunächst — in Hinsicht also auf ihren Zusammenhang mit System C — solche Änderungen, welche **ausschliefslich vom System C abhängig** gedacht werden, weil sie ganz innerhalb desselben verlaufen, von solchen Änderungen, deren Erfolg zwar auch innerhalb des Systems C zur Geltung zu kommen hätte — eben als Verminderung, bez. Aufhebung der Vitaldifferenz —, welche aber **nur in ihren Anfangsgliedern, nicht in ihrem weiteren Verlauf ausschliefslich vom System C abhängig gedacht werden.**

Solche Änderungen, welche — obgleich in ihren Anfangsgliedern vom System C abhängig — doch aufserhalb desselben sich vollziehen, bezeichnen wir als **ektosystematische**; ihre Anfangsglieder, sowie alle Änderungen überhaupt, welche innerhalb des Systems C verlaufen, als **endosystematische Änderungen**.

242. — A. Innerhalb der **ektosystematischen Änderungen** unterscheiden wir wiederum solche Änderungen, welche (vgl. n. 85)

1) das Abhängigkeitsverhältnis zwischen dem System C und der Änderungsbedingung **fixieren**, sofern sie die Richtung auf die in der Umgebung

enthaltene Änderungsbedingung R_1 oder diese selbst fest- oder von R_1 andere Änderungsbedingungen, welche R_1 entfernen oder ändern oder vernichten würden, abhalten;

2) das Abhängigkeitsverhältnis **permutieren**, sofern sie R_1 gegen R_2 vertauschen oder die Stellung des Organismus zu R_1 verändern;

3) das Abhängigkeitsverhältnis **transformieren**, sofern sie R_1 vernichten oder umändern, oder sofern sie die Abhängigkeit des Systems C von R_1 ändern durch Akkommodation peripherischer Organe oder durch Änderung der Distanz zwischen R_1 und dem Organismus — sei es, dafs R_1 entfernt, bez. genähert, sei es, dafs der eigene Organismus von R_1 entfernt, bez. ihm genähert wird.

243. — B. Innerhalb der **endosystematischen Änderungen** möchten folgende Fälle zu unterscheiden sein (vgl. n. 87 ff.):

1) Änderungen infolge transitorischer Funktionsausbreitung, und zwar:

a) Herbeiführung eines vorübergehenden **anderen Ernährungsverhältnisses** durch vorübergehende Variation der physiologischen Ernährungsbedingungen;

b) **Weiterleitung** der zugeführten Änderung von den primär ergriffenen Partialsystemen auf andere;

2) Änderungen infolge vermehrter oder verminderter **Übung**, und zwar:

a) Änderung des Entwicklungswertes der in positiv zunehmender Schwankung begriffenen Partialsysteme;

b) Änderung der Entwicklungsrichtungen des Systems C überhaupt.

244. — II. Nach ihrem Unterschied als funktionelle und formelle Änderungen geordnet, würden die ektosystematischen Änderungen sämtlich und die endosystematischen Änderungen sub 1 die Art funktioeller Änderungen bilden; während die übrigen endosystematischen Änderungen, also die Änderungen sub 2, die Art der formellen Änderungen ausmachen würden.

245. — III. In Hinsicht endlich des Zeitanspruchs stellen wir die relativ kleinen Permutationen und Transformationen als relativ schnelle Änderungen in Gegensatz zu den relativ gröfseren als den relativ langsamen, und die funktionellen Änderungen als die im allgemeinen schnelleren Änderungen in Gegensatz zu den auf (geänderter) Übung beruhenden formellen Änderungen als den im allgemeinen langsameren.

Ob aber eine formelle Änderung langsamer sei als eine gröfsere Permutation, bez. Transformation, oder umgekehrt, darüber ist ohne Betrachtnahme des speciellen Falles nichts zu bestimmen.

III.

246. — Die Mannigfaltigkeit denkbarer Änderungen, welche einen Medialabschnitt bilden können, ergiebt die Mannigfaltigkeit denkbarer Medialabschnitte überhaupt. Innerhalb dieser Mannigfaltigkeit denkbarer Medialabschnitte sind zunächst 3 Arten zu unterscheiden:

I) rein ektosystematische;
II) rein endosystematische;
III) gemischte.

Innerhalb jeder dieser Arten wiederum lassen sich dann, je nach der speciellen Art ekto- und endosystematischer Änderungen, welche in den Medialabschnitt gelangen, die mannigfaltigsten Unterarten von Medialabschnitten ableiten.

247. — Wie über die Endbeschaffenheit des Initialabschnitts die Zeit der zugehörigen Änderung entscheidet, so auch hier über die Zusammensetzung des Medialabschnitts. Das heifst:

Wird nach angenommener positiv zunehmender Schwankung ein Medialabschnitt angenommen, so sind in jedem Zeitpunkt diejenigen Arten und Unterarten denkbarer Medialabschnitte anzunehmen, welche jede andere im gleichen Zeitpunkt denkbare Art von Medialabschnitten an Schnelligkeit übertreffen.

248. — Es ist folglich die Reihe der Medialänderungen als in dem Zeitpunkt von einer endosystematischen auf eine ektosystematische, bez. von einer sensibeln auf eine motorische, von einer funktionellen auf eine formelle, oder umgekehrt: von einer ektosystematischen auf eine endosystematische, bez. von einer motorischen auf eine sensible, von einer formellen auf eine funktionelle übergehend zu denken, in welchem die eine Änderung schneller als die andere eintretend gedacht werden mufs.

249. — Wird mithin (nach n. 225) rechtzeitig, d. h. während eine Vitaldifferenz gesetzt ist, eine endo- oder ektosystematische Änderung gesetzt, so mufs das System C, unter der Voraussetzung der schliefslichen Vollständigkeit der Vitalreihe, solange zu andersgradigen, bez. andersförmigen endo- oder ektosystematischen Änderungen übergehend gedacht werden, bis sich eine Änderung anreiht, welche die formalen Bedingungen der Vitaldifferenz-Aufhebung erfüllt.

Dafs diese Reihenbildung zeitweis — durch Unterbrechung der

Auslösungen infolge von Erschöpfung — unterbrochen oder auch von andern Medialänderungen einer, sich aus den Änderungen der ersten eventuell ergebenden, zweiten konkurrierenden Schwankung durchbrochen werden kann, macht die vorauszusetzende Behauptung des Systems C wohl komplizierter, ändert sie aber nicht in ihren allgemeinen Bestimmungen.

IV.

250. — Sehen wir jetzt, inwiefern die ausgewählten Änderungen zugleich die formalen Bedingungen zur Aufhebung einer Vitaldifferenz höherer Ordnung erfüllend gedacht werden können; immer noch in der Meinung, dafs eine unschwierige Modifikation die gefundenen Sätze auch für die Vitaldifferenz erster Ordnung geltend machen würde.

A. Ektosystematische Änderungen.

1) Es kann eine vorhandene, der positiv zunehmenden Schwankung entgegengesetzte Änderung, welche an sich zu klein zu deren Aufhebung ist, infolge der verlängerten Setzung ihrer Bedingung durch Summation wachsen; oder es kann infolge Wegfalls einer Änderungsbedingung eine Schwankung positiv zunehmen, der die wegfallende Änderungsbedingung entgegengesetzt war. In diesen Fällen kann die Fixation des Abhängigkeitsverhältnisses durch Konstanterhaltung der Änderungsbedingung eine Änderung setzen, welche die formalen Bedingungen der Vitaldifferenz-Aufhebung erfüllt.

251. — 2) Es kann eine vorhandene Änderungsbedingung, welche eine Vitaldifferenz setzte oder wenigstens nicht aufhob, gegen eine andere vertauscht werden, deren abhängige Änderung der gesetzten Schwankung entgegengesetzt ist. Hier würde die Permutation des Abhängigkeitsverhältnisses durch Vertauschung der Änderungsbedingungen eine Ände rung anreihen, welche die formalen Bedingungen der Vitaldifferenz-Aufhebung erfüllte.

252. — 3) Wenn die Vitaldifferenz in einem mit einer Änderungsbedingung gesetzten *Plus* oder *Minus* oder in einem *Aliter* besteht, so wird jede Transformation, welche die Änderungsbedingung in einem dem Plus oder Minus oder Aliter entgegengesetzten Sinne umformt, auch eine Änderung herbeiführen können, welche somit die Bedingungen zur Aufhebung der Vitaldifferenz erfüllt.

B. Endosystematische Änderungen.

253. — 1. a) Sind unerhebliche positiv zunehmende Arbeitsschwankungen gesetzt, so können funktionelle Ernährungsänderungen mit gleichem Vorzeichen eine Änderung des Systems C nach sich ziehen, welche die formalen Bedingungen zur negativ zunehmenden Schwankung erfüllt.

254. — b, α) Werden durch die momentan gesetzte Umgebung zuerst unerhebliche Vitaldifferenzen vermindert oder gesetzt, während bereits erheblichere Vitaldifferenzen bestehen, denen die Umgebungsänderungen nur unvollkommen entsprechen; oder

β) hat ein bei einer eventuell gesetzten zweiten Änderung inkludiertes Formelement bei einer erstgesetzten den Wert einer Änderung der gleichmäfsig gesetzten Änderungsform, also einer Vitaldifferenz 2ter Ordnung gehabt:

so kann durch Ausbreitung der Änderung innerhalb des Systems C eine Änderung herbeigeführt werden, welche die Bedingungen der Vitaldifferenz-Aufhebung erfüllt, indem sie im Fall α eine erheblichere Vitaldifferenz wenigstens zur Aufhebung darbietet, im Fall β ein Formelement bereits als ihr eigentümlich enthält, das in der vorhergehenden Änderung die Bedeutung einer Vitaldifferenz hatte.

Wir wollen das Verhalten des Systems im Fall α kurz **Komomenten-Eintauschung**, im Fall β **Komomenten-Vertretung** nennen.

255. — 2) Die auf **Übung** beruhenden endosystematischen Änderungen werden Systemänderungen, welche die formale Bedingung namentlich zu einer **dauernden** Vitaldifferenz-Aufhebung erfüllen, herbeiführen können in Fällen, wo die Vitaldifferenz selbst auf der Wiederkehr einer von der bisherigen Übungsrichtung abweichenden Anderungsbedingung beruht.

Und zwar

256. — a) wenn die Wiederkehr selbst eine relativ **gleichmäfsige** ist, als Ausbildung der anfänglichen Änderung zu einem neuen Komoment: **positive Komomentierung der geänderten Arbeitsvermehrung** (vgl. n. 202); und

257. — b) bei relativ **ungleichmäfsig** wiederkehrender Abweichung als, infolge ungenügender Übung eintretende, allmähliche Herabsetzung der Abweichungen zu relativ unerheblichen Vitaldifferenzen durch **negative Komomentierung** des bisherigen Komomentes, während zugleich andere, jederzeit mitsetzbare Änderungsformen die Funktionen der negativ komomentierten übernehmen und in dieser solcherart gesetzten Mehrübung im Sinne einer zunehmenden positiven Komomentierung weiterentwickelt werden.

258. — Zu solcher Funktionsübernahme würden sich eignen: α) etwa vorhandene, von der Umgebung überhaupt relativ unabhängige Änderungsformen, welche wir als **Independenten** bezeichnen wollen; oder aber β) Änderungsformen, welche von den sich in den zugehörigen Umgebungsbestandteilen wiederholenden Elementen bedingt sind.

Wir bezeichnen im folgenden das Verhalten des Systems im Fall a als Komomenten-Erwerb, im Fall b als Komomenten-Wechsel.

259. — Der angeführte Fall der Komomenten-Eintauschung dürfte, der formalen Bedingung zur Vitaldifferenz-Aufhebung nach, unter den ausgewählten Fällen dieser Bedingung dem Fall A (n. 234) entsprechen;

die Fälle ektosystematischer Vermittelung im allgemeinen dem Fall B, 1, a (n. 236);

der Fall der Komomenten-Vertretung dem Fall B, 1, b (n. 236);

der Fall des Komomenten-Erwerbs dem Fall B, 2 (n. 237);

der Fall des Komomenten-Wechsels dem Fall B, 3 (n. 238).

260. — Sofern die Finaländerung nach dem Obigen einen Wert, welcher überhaupt die positiv zunehmende Schwankung aufzuheben vermag, erst herstellt, ist sie ganz allgemein als Substitution (im engeren Sinne) zu bezeichnen; dagegen als Restitution, sofern sie das ursprüngliche Komoment speciell wiederherstellt.

Beide, Restitution wie Substitution, können ekto- oder endosystematische (d. h. solcherart bedingte) sein.

261. — Sowohl die Formen als die Setzung, wie der Medial-, so auch der angegebenen Finaländerungen sind nicht nur überhaupt denkbar, sondern speciell bereits für das System C vorausgesetzt: die Formen der negativ zunehmenden Schwankungen ergeben sich

aus der Analyse der Systemänderungsformen, und die Setzung der sekundären Änderungen in Abhängigkeit von der vorhergehenden positiv zunehmenden Schwankung ist eingeschlossen in der Voraussetzung der Auslösungen, für welche Auslösungen die primären Änderungen als Komplementärbedingung zu denken sind (n. 114).

262. — Die Auslösungen sind hier vorwiegend als Bedingung zur Vitaldifferenz-Aufhebung in Betracht genommen worden. Es ist dies aber nicht das einzige Verhältnis, in welchem sie zur Erhaltung des Organismus stehend vorausgesetzt werden können; und zwar ist hier noch speciell eine andere Beziehung anzumerken, welche allerdings mit jener verwandt ist, aber doch zu einer gleichwertigen Behandlung in dem Zusammenhang unserer Untersuchungen nicht ausreichend mafsgebend erschien: das ist die Bedeutung der Auslösungen als Ableitungen der übermäfsigen Änderungsquantitäten, so dafs die ausgelösten Bewegungen unter Umständen auch neben den Lageänderungen der Glieder, weiterhin des Bedingungsverhältnisses der Umgebung zum System C, zur Erhaltung des Organismus beitrügen[6]).

Zu dieser „motorischen Entladung" würden auch die Bewegungen der Sprachorgane, also die sprachliche „Äufserung", die „Aussprache" zu rechnen sein.

VIERTES KAPITEL.
Die Denkbarkeit bestimmter Medialänderungen für bestimmte Fälle.

I.

263. — Die ausgewählten Fälle ekto-, bez. endosystematischer Änderungen ergeben, insofern sie zugleich die formale Bedingung der Vitaldifferenz-Aufhebung erfüllend gedacht werden können, die für uns in Betracht kommenden Fälle denkbarer Medialänderungen höherer Ordnung.

Da nun aber nicht vorausgesetzt werden kann, daſs von der Vielheit überhaupt denkbarer ekto-, bez. endosystematischer Änderungen gerade eine solche gesetzt werde, welche ihrerseits wieder eine der soeben ausgewählten Änderungsarten bedingt oder mit einer solchen zusammenfalle; es vielmehr auch denkbar bleibt, daſs ekto-, bez. endosystematische Änderungen auftreten, welche entweder mit dem in positiv zunehmender Schwankung befindlichen Partialsysteme gar nicht in dem Verhältnis einer Änderungsbedingung stehen, oder — wenn schon — es nicht im Sinne einer entsprechenden negativ zunehmenden Schwankung ändern;

da aber ferner auch von den ausgewählten Änderungsarten selbst nicht jede beliebige als Änderungsbedingung für jedes beliebige, in positiv zunehmender Schwankung befindliche Partialsystem oder für die negativ zunehmende Schwankung desselben angenommen werden kann, während andererseits für manche Arten positiv zunehmender Schwankungen auch verschiedenartige ekto-, bez. endosystematische Änderungen als Bedingungen ihrer Aufhebung denkbar sind;

und da endlich von solchen verschiedenartigen Änderungen alle in Wegfall kommen, welche erst nach dem Auftreten einer andern verwirklicht werden könnten, mithin diejenige die übrigen in Wegfall bringt, welche als erste verwirklicht wird und die restierenden mithin an Schnelligkeit im gegebenen Zeitpunkt übertrifft —

so ergiebt sich:

264. — Soll bei einer bestimmten positiv zunehmenden Schwankung eines bestimmten centralen Partialsystems eine bestimmte Medialänderung als für den speciellen Fall denkbar oder, kurz, als speciell-denkbar bezeichnet werden, so muſs dieselbe sein

1) denkbar als Änderungsbedingung überhaupt für das bestimmte, in positiv zunehmender Schwankung befindliche Partialsystem;
2) denkbar als Bedingung im besondern für die entsprechende negativ zunehmende Schwankung;
3) denkbar als schnellste unter allen Änderungen, welche zur Zeit der Vitaldifferenz die beiden erstgenannten Bedingungen erfüllend noch angenommen werden könnten.

II.

265. — Wie in den angeführten Fällen eine Aufhebung einer bestimmten Vitaldifferenz durch eine bestimmte ekto- oder endosystematische Änderung als denkbar angenommen werden kann; so kann nun auch in andern Fällen die Aufhebung einer bestimmten Vitaldifferenz durch bestimmte ekto- oder endosystematische Änderungen undenkbar sein.

Folgende Fälle ergeben sich aus dem vorhergehenden Satz (n. 264):

Die Aufhebung einer bestimmten Vitaldifferenz durch eine bestimmte ekto- oder endosystematisch bedingte Änderung ist im allgemeinen undenkbar:

1) wenn die bestimmte Änderung in dem bestimmten Falle, oder überhaupt, nicht zugleich als Änderungsbedingung für das bestimmte, in positiv zunehmender Schwankung befindliche Partialsystem gedacht werden kann;

2) wenn die bestimmte Änderung zwar als Änderungsbedingung für das bestimmte, in positiv zunehmender Schwankung befindliche Partialsystem gedacht werden kann, aber die von ihr abhängige Änderung nicht zugleich die formale Bedingung der Vitaldifferenz-Aufhebung erfüllt, d. h. nicht einer der denkbaren Arten der Vitaldifferenz-Verminderung entspricht;

3) wenn die bestimmte Änderung zwar als Änderungsbedingung für das bestimmte, in positiv zunehmender Schwankung befindliche Partialsystem und auch die von ihr abhängige Änderung als einer bestimmten Art der Vitaldifferenz-Verminderung entsprechend gedacht werden kann, aber die bestimmte Änderung erst gesetzt wird, nachdem bereits die bestimmte Vitaldifferenz durch eine andere ekto- oder endosystematische Änderung aufgehoben worden ist.

266. — Im besondern kann folglich eine Finaländerung nicht vermittelt gedacht werden

1) durch eine der schnelleren Formen
   a) funktioneller endosystematischer Änderungen, wenn die Vitaldifferenz gröfser gedacht wird, als jede dieser Änderungen;
   b) funktioneller ektosystematischer Änderungen,

wenn die von diesen abhängigen Umgebungsänderungen so langsam verlaufend gedacht werden, dafs sie von einer funktionellen oder formellen endosystematischen Änderung überholt werden;
2) durch eine der langsameren Formen endo- oder ektosystematischer Änderungen, wenn eine der schnelleren Formen ihr bereits vorausgekommen ist.

So *selbstverständlich* die n. 264 genannten Sätze (nebst anderen) erscheinen mögen, so leicht scheinen sie aber auch bei den theoretischen wie praktischen Anforderungen, die man an individuelle Systemänderungen zu stellen pflegt, aufser Rechnung gelassen zu werden.

267. — Es läfst sich der allgemeine Satz (n. 249) jetzt präcisieren wie folgt:

Soll bei gegebener Vitaldifferenz höherer Ordnung ein System C sich vollständig behauptend gedacht werden, so mufs es, wenn keine Art ektosystematischer Medialänderungen eine Finaländerung zu bedingen vermochte, zu irgend einer Art endosystematischer; wenn keine Art schneller, zu irgend einer Art langsamer; wenn keine Art funktioneller, zu irgend einer Art formeller Medialänderungen übergehend gedacht werden.

Und ebenso mufs die Medialänderung, wenn sie nicht als von restitutiver Art angenommen werden kann, als von substitutiver Art angenommen werden.

FÜNFTES KAPITEL.
Die Verwirklichung bestimmter Medialänderungen für bestimmte Fälle.

I.

268. — Wir suchen nun — immer unter der Voraussetzung, dafs das System C sich (innerhalb gewisser Grenzen) unter Verminderungen seines vitalen Erhaltungswertes vollständig behaupte — die Medialänderung zu bestimmen, welche als *vermittelnde* anzunehmen ist, wenn eine der besprochenen Vitaldifferenzen höherer Ordnung angenommen wird. —

Wird überhaupt eine Verminderung des vitalen Erhaltungswertes angenommen, so kann sie angenommen werden als eine unerhebliche oder erhebliche, bez. als Schwankung von Neben- oder Hauptpartialsystemen, und zwar eines Systems, welches über substituierbare Formen nicht verfügt oder verfügt, während es selbst noch in seiner Entwicklung begriffen ist oder aber in seiner Erstarrung.

269. — Sofern die Verminderung mehr als eine **unerhebliche**, bez. als diejenige eines Nebenpartialsystems oder eines dem Entwicklungsstillstand angenäherten Systems ohne substituierbare Formen vorausgesetzt wird; um so mehr ist auch die Aufhebung durch eine ekto- oder endosystematische Restitution anzunehmen, — sei es durch eine Änderung der Umgebung, bez. der Umgebungsbestandteile in einer Richtung, welche derjenigen Änderung entgegengesetzt ist, auf welcher die Verminderung beruhte, sei es durch

instantane Akkommodation der Ernährung oder der Muskelspannung; welche erstere Akkommodationsform namentlich für den Fall denkbar bleibt, wo ein zum Stillstand gelangtes System, nachhaltigen Änderungen seiner erstarrenden Formen überhaupt unzugänglich geworden, Variationen, welche in Ansehung ihrer Bedingungen als erhebliche zu bezeichnen sein sollten, nur noch im Wert von unerheblichen zuläfst.

Werden neben unerheblichen Vitaldifferenzen gleichzeitige erhebliche angenommen, so wird das System C von der unerheblichen zur erheblichen übergehen können; und es geht dann auch der Fall selbst in denjenigen einer erheblichen über.

II.

270. — Sofern nun dagegen die angenommene Vitaldifferenz dem Begriffe einer erheblichen bereits selbst entspricht, bez. einem Hauptpartialsystem eines noch in der Entwicklung begriffenen Systems C zugehörig vorausgesetzt wird, um so weniger würde es zunächst im Sinne der gleichfalls vorausgesetzten Annäherung des Systems an das Ideal sein, würde es zu einer andern Vitaldifferenz, die zur angenommenen in keiner funktionellen Beziehung steht, übergehen (vgl. n. 254). Und sofern nun zugleich die angenommene Vitaldifferenz speciell unserm ausgewählten und zu Grunde gelegten Fall entspricht (n. 201 ff.), d. h. speciell als variiertes Komoment eines sowohl bereits in vorgeschrittener Entwicklung stehenden als noch weiter entwicklungsfähigen Systems, sie selbst aber, ihrer Entwicklung gemäfs, als erhebliche Vitaldifferenz gedacht wird, kommen für die Bildung ihrer eventuellen Vitalreihe nur die ekto- und endosystema-

tisch bedingten Änderungen in Betracht, **soweit sie eben nicht eine Restitution einfach durch instantane Akkommodation der Ernährung oder der Muskelspannung als Finaländerung bedingen.**

271. — Mithin:

Ist ein variiertes Komoment im Sinne des ausgewählten Falles als Vitaldifferenz höherer Ordnung gesetzt, so kann die Finaländerung ihrer Vitalreihe nur vermittelt gedacht werden

    entweder:

        durch Änderung, Vertauschung, Festhaltung einzelner Umgebungsbestandteile, der ganzen Umgebung, des räumlichen Verhältnisses zur Umgebung;

    oder:

        durch Komomenten-Vertretung, Komomenten-Erwerb, Komomenten-Wechsel.

Die erste angeführte Gruppe umfaſst ektosystematische, die zweite endosystematische Änderungsarten.

272. — Die ganze erste, ektosystematische Gruppe kann nun aber als Vermittlung wiederum nicht angenommen, mithin die Finaländerung nicht durch sie bestimmt werden:

1) wenn die Umgebung, bez. die Umgebungsbestandteile, welche, bez. zu welchen, ein räumliches Verhältnis geändert, bez. festgehalten, werden müſste, — eine solche Änderung, bez. Festhaltung gar nicht zuläſst;

2) wenn sie eine sogeartete Änderung, bez. Festhaltung zwar zuläſst, aber das Geänderte, bez. Festgehaltene nicht als Bedingung einer ent-

sprechenden negativ zunehmenden Schwankung gedacht werden kann; sei es
a) dafs jede Änderung, bez. Festhaltung die positiv zunehmende Schwankung nur vermehren würde; sei es
b) dafs die Entwicklung des in positiv zunehmender Schwankung begriffenen Partialsystems, bez. seiner Schwankungsform, gar nicht von irgend einem Umgebungsbestandteil überhaupt abhängt;
3) wenn sie eine sogeartete Änderung, bez. Festhaltung zwar zuläfst, das Geänderte, bez. Festgehaltene auch als Änderungsbedingung für das in positiv zunehmender Schwankung befindliche Partialsystem gedacht werden kann, aber irgend eine denkbare Art der endosystematischen Gruppe als schneller verwirklichte gedacht werden mufs.

273. — Hieraus folgt:
1) Eine Vitaldifferenz höherer Ordnung, deren Aufhebung infolge Änderung, bez. Festhaltung eines Umgebungsbestandteils denkbar ist, kann sowohl vermittelst einer ekto-, als endosystematischen Medialänderung aufgehoben werden; und es wird die Gruppe der Änderungsarten, aus welcher das System C seine Medialänderungen auswählt, durch die gröfsere Schnelligkeit der vermittelnden Änderung bestimmt.

274. — 2) Eine Vitaldifferenz höherer Ordnung, deren Aufhebung durch Änderung, bez. Festhaltung eines Umgebungsbestandteils nicht denkbar ist, weil die Entwicklung des zugehörigen in positiv zunehmender Schwankung begriffenen Partialsystems, bez. seiner specifischen Schwan-

kungsform, überhaupt von keinem Umgebungsbestandteil bedingt war, kann auch nicht in einer ektosystematischen, sondern muſs vermittelst einer endosystematischen Medialänderung aufgehoben werden. In diesen Fällen ist mithin die **Gruppe** durch die Entwicklungsart der Schwankungen bestimmt.

III.

275. — Wenden wir uns nun zu der zweiten, der endosystematischen Gruppe, so ist hervorzuheben: Sofern zunächst die **Komomenten-Vertretung** als *funktionelle* Änderung (n. 244) im allgemeinen schneller als jede Art formeller Änderung verwirklicht gedacht werden muſs (n. 245), wird die Finaländerung auch zuerst durch diejenige Komomenten-Vertretung, welche wieder der schnelleren Änderung entspricht, bestimmt werden.

276. — Denkt man eine solche erstverwirklichte Komomenten-Vertretung durch die Umgebung wieder aufgehoben, mithin als unhaltbar, so wird das System C (nach n. 245, vgl. 249) zu einer zweiten Komomenten-Vertretung mit gröſserem Zeitbedarf übergehen.

Denkt man sich nun aber auch die weiteren Vertretungen durch die Umgebung immer von neuem aufgehoben, so wird auch das System C zu immer neuen und langsameren Änderungen solcher stellvertretenden Art **solange** übergehen, bis —

entweder

277. — a) sofern hiermit das variierte Komoment immer wiederkehrte, es selbst den Entwicklungswert eines neuen Komomentes annimmt, mithin zugleich selbst die Bedingung erfüllt, ein Formelement — nämlich die ehemalige *Änderung* — als ihm eigentümlich zu inkludieren, welches in der anfänglichen Initialänderung die Bedeutung einer Vitaldifferenz hatte;

278. — oder:

b) bis die Umgebung aufgehört hat, das Komoment zu variieren, indem die Schwankungsformen, welche durch die Umgebung variiert werden, infolge ungenügender Übung unter den Wert von Komomenten sanken, also nicht mehr *Komomente* sind; während dagegen Formen sich zu Komomenten entwickelten, für welche der Umgebungsbestandteil nicht mehr Änderungsbedingung ist, sei es, weil die Komomente überhaupt von der Umgebung unabhängig — als Independenten — entwickelt wurden, sei es, weil die Komomente keine andern Formelemente inkludieren als solche, die mit jedem Umgebungsbestandteil verwirklicht werden, sofern ihre Bedingung jedem Umgebungsbestandteil, der für das betreffende Partialsystem überhaupt Änderungsbedingung ist, gemeinsam zukommt.

Fall a entspricht dem Komomenten-Erwerb (n. 256), Fall b dem Komomenten-Wechsel (n. 257).

Die positive oder negative Vermehrung der Entwicklungswerte der Schwankungen fallen unter den Begriff der positiven und negativen Komomentierung (vgl. n. 202).

IV.

279. — Es ist somit überhaupt in der Komomenten-Vertretung die Finalländerung bestimmt durch Einsatz eines dem System C bereits verfügbaren

anderen Komomentes; in dem Komomenten-Erwerb durch Anpassung des Entwicklungswertes des Partialsystems an den Wert des variierten Komomentes; in dem Komomenten-Wechsel durch die Entwicklung von *Schutzformen* überhaupt gegen die Variation von Komomenten.

280. — Subsumiert man beide Fälle der Komomenten-Neu-, bez. -Umbildung mit denjenigen der Vertretung (vgl. n. 260) unter den Begriff der (endosystematischen) Substitution im weiteren Sinne:

so wird (in Übereinstimmung mit n. 259) in der Komomenten-Vertretung ein (formal) nicht-variiertes Komoment, in dem Komomenten-Erwerb ein variiertes partialsystematisches Moment, in dem Komomenten-Wechsel eine Kombination beider Werte den entsprechenden anfänglich gesetzten Werten substituiert.

Wir wollen diese Substitutionsformen als Substitutionen beziehentlich 1ter, 2ter, 3ter Ordnung von einander unterscheiden.

281. — Aus dem Gesagten und unter der Annahme, daſs sich das System C überhaupt vollständig behaupte, folgt:

Kann die Medialänderung nicht als eine Art der ektosystematischen Gruppe in einem gegebenen Falle bestimmt werden (n. 272), so ist sie als Substitution (im weiteren Sinne) zu bestimmen; zunächst aber als Substitution 1ter Ordnung, sofern nicht zugleich angenommen werden muſs, daſs sich die Reihe derselben, infolge Unhaltbarkeit jedes ihrer Glieder, so sehr verlängert, bez. hinauszieht, daſs sich inzwischen Entwicklungswerte und -Richtungen des engagierten Systems ändern konnten. In diesem Falle ist die Medialänderung als eine Substitution höherer Ordnung zu bestimmen; und zwar, jenachdem die Wiederkehr der Abweichung zugleich als eine relativ gleichmäfsige oder ungleichmäfsige (n. 255 ff.) angenommen werden mufste, als eine Substitution 2ter oder 3ter Ordnung.

V.

282. — Nachdem solcherart die Variation des Komomentes aufgehoben, ist die Finaländerung höherer Ordnung erreicht, die eingeschaltete Vitalreihe beendet. D. h. der Fall II tritt in den Fall I zurück (vgl. n. 226 ff.); die Bedingung für die Aufhebung der Vitaldifferenz 1ter Ordnung, mithin für den Abschlufs der ganzen Vitalreihe ist gewonnen.

Aber das doch nur, falls nicht eine neue Variation des Komomentes, bez. im System C die Variation eines neuen Komomentes dazwischentritt; mit der Setzung derselben würde der rückgewonnene Fall I wieder in den Fall II verloren gehen — und erst eine neue Vitalreihe höherer Ordnung zu Ende geführt werden müssen, ehe das System zur Ruhe gelangt.

Im besondern ist wieder denkbar, dafs die Aufhebung einer Vitaldifferenz höherer Ordnung des einen Partialsystems für ein zweites gerade eine Vitaldifferenz höherer, aber auch 1ter Ordnung setze (vgl. n. 185). Vor allem möchten sich die Bedingungen hierzu bei der Komomenten-Vertretung leicht verwirklicht finden (vgl. n. 259 den Fall B, 1, b).

283. — Zusatzweise werde noch bemerkt: Wie irgend eine vorhandene Schwankungsform durch häufigere Vermittlung, direkt oder als Vertretung, sich zu einer Schutzform entwickeln kann, so tritt eine solche,

nachdem sie einmal entwickelt ist, auch in die Zahl verfügbarer Komomente überhaupt ein und vermag dann, wie jedes andere Komoment auch, in einfachen Substitutionen 1ter Ordnung zu fungieren.

Und hieraus folgt zugleich, dafs ein System unter Umständen auch innerhalb der Schutzformen insofern wechseln kann, als es z. B. einer von Umgebungsbestandteilen abhängigen Art eine unabhängige substituiert; oder auch umgekehrt.

Als eine Übergangsform involviert unsere allgemeine Voraussetzung den Fall **gemischter** Schutzformen, wo einstweilen noch Schutzformen beider Gattungen zusammen bestehen.

FÜNFTER ABSCHNITT.

Die Endbeschaffenheiten des Systems C als Glieder der unabhängigen Vitalreihe.

ERSTES KAPITEL.
Die Annäherung der Endbeschaffenheiten.

I.

284. — Nachdem wir die Vitalreihe höherer Ordnung in ihrer Zusammensetzung und ihrem Verlauf zu bestimmen gesucht haben, wenden wir uns der Bestimmung der Endbeschaffenheiten zu, welche in die Vitalreihe als deren Glieder eintreten.

Läfst die Art der Vitaldifferenz mehrere Arten Medialänderungen als denkbare zu, so entscheidet (nach n. 273) über die verwirklichte die kürzere Zeit, deren die denkbare zu ihrer Setzung bedarf. Sofern nun aber jedes Glied einer Vitalreihe als aus einer Mehrheit denkbarer Systembeschaffenheiten entnommen und die gesamte Reihe als in der Zeit verlaufend gedacht wird, so müssen, wenn in einem beliebigen Zeitpunkt eine beliebige Komplementärbedingung K_x vorausgesetzt wird, diejenigen Systembeschaffenheiten die Reihe successiv zusammensetzend gedacht werden, deren Setzung die jedesmalige **kleinere Zeit** bedarf.

285. — Die succedierenden Endbeschaffenheiten würden sich durch die kleinere Zeit für jedes System bestimmen lassen, bei welchem der Übergang von einer Anfangsbeschaffenheit zu mehreren, von einander unterscheidbaren Endbeschaffenheiten denkbar ist; es läfst sich aber jener allgemeine mafsgebende Begriff determinieren durch einen Artunterschied des „Systems C" von andern „Systemen", zu deren Begriff das allgemeinere Merkmal *der mehreren denkbaren Übergänge* noch gehören möchte.

Ist nämlich von einer beliebigen Anfangsbeschaffenheit aus ein Übergang zu mehreren Endbeschaffenheiten denkbar, so läfst sich bei konstantem K_x der Übergang zu derjenigen Endbeschaffenheit als der kleineren Zeit in jedem Zeitpunkt entsprechend denken, welcher der Anfangsbeschaffenheit des betreffenden Zeitpunktes am meisten angenähert gedacht wird.

286. — Das heifst:

Das System C ist bei Setzung einer Komplementärbedingung K_x von einer beliebigen Anfangsbeschaffenheit in jedem Zeitpunkt zu derjenigen Endbeschaffenheit übergehend zu denken, welche im betreffenden Zeitpunkt als die von allen denkbaren Endbeschaffenheiten meist angenäherte oder nächstliegende angenommen werden mufs.

287. — Und folglich (in Verbindung mit n. 249):

Soll eine Vitalreihe eines Systems C als vollständige gedacht werden können, so müssen die Medialänderungen solange von den (im Setzungszeitpunkt der Komplementärbedingung) nächstliegenden zu immer entfernteren Endbeschaffenheiten übergehend gedacht werden, bis sich eine Endbeschaffenheit anreiht, welche die formalen Bedingungen der Vitaldifferenz-Aufhebung erfüllt.

II.

288. — Suchen wir nun eine für unsere Zwecke geeignete und genügende Auswahl und Einteilung der Arten, in welchen ein System C einer bestimmten formellen und funktionellen Endbeschaffenheit angenähert gedacht werden kann, so empfiehlt es sich, vom einfachsten Fall auszugehen.

1) Als solcher erscheint der Fall, dafs eine Endbeschaffenheit in dem Zeitpunkt τ_n gesetzt sei, welche bereits in dem unmittelbar vorhergehenden Zeitpunkt τ_{n-1} gesetzt war. In diesem Falle war das System C der Systembeschaffenheit des Zeitpunktes τ_n absolut angenähert und seine Änderungsgröfse in Bezug auf diese ist im Zeitpunkt τ_{n-1} gleich Null.

289. — 2) Nehmen wir dagegen den Fall, dafs die systematische Endbeschaffenheit im Zeitpunkt τ_n eine Wiederholung einer Endbeschaffenheit ist, welche in einem weiter als τ_{n-1} zurückliegenden Zeitpunkt gesetzt war und in der Zwischenzeit bereits abgenommen hatte, so wird die Änderung des Systems im Zeitpunkt τ_{n-1} in Bezug auf die im Zeitpunkt τ_n zu setzende Endbeschaffenheit um so kleiner zu denken sein, je weniger sich das System in τ_{n-1} von seiner Anfangsbeschaffenheit durch deren Abnahme entfernt gehabt hat.

War z. B. die Abnahme der Endbeschaffenheit bedingt durch entgegengesetzte Änderungen, welche als Ermüdung, Erschöpfung, Einschlafen bezeichnet zu werden pflegen, so wird die Änderung um so kleiner sein, je weniger Ermüdung, Erschöpfung, Einschlafen vorgeschritten sind.

290. — 3) Denkt man, allgemeiner, die Abnahme — nach einem vielgebrauchten Ausdruck — als *Funktion der Zeit*, so wird die Änderung um so kleiner sein, je kleiner die Zeit ist, welche nach der Setzung der Anfangsbeschaffenheit vergangen gedacht wird.

291. — 4) Denkt man eine Endbeschaffenheit als eine nur teilweis vorübergehende Änderung (n. 110), so ist die Grenze ihrer Abnahme bei der Remanenz (n. 111) erreicht zu denken; je gröfser folglich die Remanenz gedacht wird, desto gröfser mufs auch die restierende Annäherung, desto kleiner die noch beanspruchte Änderung bei der Wiederholung sein.

292. — Oder allgemeiner:

5) Die Annäherung wird in solchen Fällen um so gröfser, die noch beanspruchte Änderung um so kleiner sein, je mehr und je gröfsere Remanenzen gesetzt waren, oder m. a. W.: je gröfser die Summe zugehöriger Remanenzen ist.

293. — 6) Und endlich kann das System C sich dadurch an eine formelle und funktionelle Endbeschaffenheit annähernd gedacht werden, dafs diese auf einer Entwicklungslinie des Systems C liegt, welche entweder zusammenfällt mit einer allgemeinen typischen Entwicklungsform des Systems C (z. B. der Pubertät) oder mit solchen Formen des Wachstums und der Ausbildung, in denen eine specifische Anlage oder Übung des Systems C zur Geltung gelangt; oder auch mit Formen pathologischer Veränderungen des Systems (n. 103 f.; n. 106 ff.).

294. — Die Fälle 1—5 haben gemeinsam, dafs dieselbe Endbeschaffenheit ihrer Form nach schon ein-

mal gesetzt war; ihre Setzung ist daher als Wiederholung gedacht. Dagegen ist den sub 6 angemerkten Fällen eigentümlich, dafs ihre Endbeschaffenheit vorher noch nicht gesetzt war und ihre Setzung mithin — wenn der Ausdruck erlaubt ist — als ein *Hervorbrechen* gedacht ist. Wir wollen diese beiden Gattungen auch in der Benennung voneinander unterscheiden und daher die Fälle der ersteren Gattung als **repetitive**, diejenigen der letzteren Gattung als **primigene** Annäherungen (einer Anfangsbeschaffenheit an eine Endbeschaffenheit) bezeichnen.

295. — Es folgt hieraus, dafs jede repetitive Annäherung als ursprünglich primigene gedacht werden mufs, da jede wiederholte Änderung, um wiederholt werden zu können, vorher einmal zum erstenmal gesetzt sein mufste.

III.

296. — Alle diese ausgewählten Annäherungsarten sind nicht nur ihrem eigenen Begriffe nach denkbar, sondern auch in Bezug auf das System C, sofern diese Annäherungsarten sich unter den *präparatorischen* Änderungen (n. 102 ff.) finden, in unserer allgemeinen Voraussetzung enthalten: die Begriffe **meistangenähert** und **meistvorbereitet** sind daher substituierbar.

297. — Durch diese Substitution erhält man den Satz:

Ist eine Mehrheit von Endbeschaffenheiten des Systems C bei Setzung einer beliebigen Komplementärbedingung K_x als Glieder einer Vitalreihe denkbar, so müssen diejenigen Endbeschaffenheiten dieselbe zusammensetzend gedacht werden, welche in Bezug auf K_x und in jedem Setzungszeitpunkt als die meistvorbereiteten zu denken sind.

298. — Was n. 286 über den Fortschritt von nächstliegenden zu entfernter liegenden Endbeschaffenheiten gesagt war, gilt somit ebenso für den Fortschritt von meistvorbereiteten zu mindervorbereiteten Änderungen und Endbeschaffenheiten.

299. — Hieraus folgt:

Wird ein System C unter Verminderungen seines vitalen Erhaltungswertes sich behauptend gedacht, so kann es sich nur im Sinne und im Umfange seiner Vorbereitung behauptend gedacht werden.

IV.

300. — Wird (nach n. 297) die Setzung einer Endbeschaffenheit abhängig gedacht von der relativ gröfsten Vorbereitung, so mufs die Setzung einer Endbeschaffenheit abhängig gedacht werden von denjenigen Annäherungs- oder, wie wir nun auch sagen können, Vorbereitungsarten, welche dem System zugeschrieben werden.

Läfst man nur eine Vorbereitungsart zu, so wird folglich die meistvorbereitete Endbeschaffenheit in unseren ausgewählten Fällen je nach der Vorbereitungsart von der geringsten Abnahme einer bereits gesetzten Endbeschaffenheit, bez. von der schnellsten Wiederholung abhängen; oder von der gröfsten Remanenz, und in diesem Falle wieder von der Häufigkeit oder Nachhaltigkeit der früheren Änderungen; oder vom Fortschritt der Entwicklung in dem einen Fall einer Anlage oder Übung, im zweiten eines typischen, im dritten Falle eines pathologischen Prozesses.

301. — Denkt man dagegen mehrere oder alle Vorbereitungsarten in einem System C konkurrierend, so kann die Setzung einer Endbeschaffenheit von **keiner** der einzelnen Arten ausschliefslich, sondern mufs von der Gesamtheit derselben abhängig, d. h. als **Resultante** gedacht werden.

Denkt man nun zugleich eine Vielheit von Komplementärbedingungen der verschiedenen Arten gesetzt, so ist die Systemänderung oder die Endbeschaffenheit jedes Zeitpunktes als **Resultante höherer Ordnung**, d. h. als solche zu denken, welche selbst aus mehreren Resultanten resultiert.

V.

302. — Wie eine denkbare Endbeschaffenheit durch Setzung präparatorischer Änderungen einer Anfangsbeschaffenheit angenähert gedacht werden kann, so kann sie auch von einer Anfangsbeschaffenheit entfernt gedacht werden durch Setzung von Änderungen, welche den Vorbereitungsarten entgegengesetzt sind; also namentlich durch Rückgang, bez. Aufhören einer physiologischen oder pathologischen, typischen oder nicht-typischen Entwicklung, durch Verzögerung der Repetitionszeit und durch Übungsverminderung überhaupt.

ZWEITES KAPITEL.
Die Konstitution der Endbeschaffenheiten.

I.

303. — Wenden wir uns jetzt zur allgemeinen Analyse der Endbeschaffenheiten des Systems C ihrer

Form nach, welche in den Vitalreihen gesetzt werden, so haben wir zu achten auf ihr Verhältnis zur Umgebung als Bedingung ihrer Setzung sowohl als ihrer Setzbarkeit.

Durch den grofsen Umgebungswechsel **Geburt** ist das System C, unserer allgemeinen Voraussetzung nach, den mannigfaltigsten Änderungsbedingungen exponiert; nicht aber sind diese als mit **einem** Schlage zu wirklichen Komplementärbedingungen geworden zu denken (vgl. n. 105).

304. — Nehmen wir der Einfachheit willen an, dafs für alle Umgebungsbestandteile, als den **denkbaren** Komplementärbedingungen, das System C, als Inbegriff der systematischen Vorbedingungen (also der vererbte Vorbereitungswert, die Nachhaltigkeit der eintretenden Systemänderungen etc.) gleich sei, so werden diejenigen von den konkurrierenden denkbaren Komplementärbedingungen am ehesten zu wirklichen werden, welche relativ am meisten üben.

<small>Wir können die obige Annahme — wenn man will, als Fiktion — um so leichter machen, da für eine **allgemeine** Erkenntnistheorie die individuellen Unterschiede zufälliger Vererbungen, Nachhaltigkeiten, Specialanlagen u. s. w. nicht notwendig in Betracht kommen.</small>

305. — Werden nun aber von den konkurrierenden denkbaren Komplementärbedingungen diejenigen am ehesten zu wirklichen, welche relativ am meisten üben, so müssen diejenigen Umgebungsbestandteile am ehesten zu wirklichen Komplementärbedingungen werden, welche relativ am häufigsten in der Umgebung gesetzt sind.

306. — Denkt man nun wieder diese häufiger wiederkehrenden Umgebungsbestandteile mit variabler Zusammensetzung — also als variable Umgebungskombinationen (gemäfs unserer empiriokritischen Voraussetzung n. 21 ff.) —, so müssen auch die erstgesetzten, wirklichen Komplementärbedingungen wieder aus denjenigen Elementen der häufiger wiederkehrenden Umgebungskombinationen zusammengesetzt gedacht werden, welche innerhalb der Kombinationen am häufigsten wiederkehrten.

307. — Demnach:

Wird bei der Konkurrenz der Umgebungsbestandteile das System C als Inbegriff der systematischen Vorbedingungen durchweg gleichwertig angesetzt, so sind die erstgesetzten wirklichen Komplementärbedingungen zusammengesetzt zu denken aus den innerhalb der wiederholt gesetzten Umgebungskombinationen am häufigsten wiederkehrenden Bestandteilen.

308. — Dieser Satz gilt sowohl für den Fall, dafs die Setzung einer einzelnen Umgebungskombination unter Variationen wiederholt wird, als auch für den Fall, dafs mehrere, mit gleichen Elementen versehene Umgebungskombinationen successive gesetzt werden.

309. — Bezeichnen wir Endbeschaffenheiten, welche überhaupt von der Umgebung bedingt gedacht werden (im Gegensatz zu den Independenten: n. 258), als Dependenten überhaupt; die von einer Umgebungskombination bedingten im besondern als Dependenten niedrerer Ordnung; und die von mehreren Umgebungskombinationen bedingten als Dependenten höherer Ordnung; — so läfst sich folgern:

Sofern die Form der Änderungen und mithin der zugehörigen Endbeschaffenheiten ausschliefslich von der Übung abhängig gedacht wird, sofern also auch die Form der von den erstgesetzten wirklichen Komplementärbedingungen bedingten Endbeschaffenheiten durch das am häufigsten Übende, d. h. Wiederkehrende, sei es einer einzelnen, sei es einer Mehrheit von Kombinationen beliebiger Umgebungsbestandteile, bedingt gedacht werden mufs — ist die Form der erstverwirklichten Dependenten beliebiger Ordnung bedingt zu denken durch das relativ **Sich-Wiederholende** einer mehrfach gesetzten Umgebungskombination.

II.

310. — Da nun die Endbeschaffenheitsformen zunächst so vielen Komplementärbedingungen gegenüber, als an ihrer Formung beteiligt waren, sodann aber auch allen denjenigen gegenüber, in denen sich hinreichend viel Elemente jener wiederholen, oder, kürzer ausgedrückt, welche mit jenen hinreichend verwandt sind, **setzbar** gedacht werden können; so folgt:

Jede ursprüngliche Endbeschaffenheitsform ist als eine **relativ wiederholbare** zu denken.

311. — Ist aber somit die Setzbarkeit von seiten der Endbeschaffenheitsform als eine mehrfache zu denken, so ist auch die Setzung von seiten der Umgebung in dem Mafse als eine wiederholte zu denken, als eine Wiederkehr der Bedingungsverwandtschaft — also **eine** Umgebungskombination bleibend oder eine Kombinationsmehrheit mit einer hinreichenden Anzahl sich-wiederholender Elemente — vorausgesetzt wird. Es erfolgt mithin aus der Mehrfachheit der **Setzbarkeit**, dafs auch die Wiederholung der **Setzung**

einer Endbeschaffenheitsform gegenüber einer Vielheit von Umgebungskombinationen denkbar ist.

312. — Die Mehrheit von Umgebungskombinationen, in welcher die Setzung einer Endbeschaffenheitsform wiederholbar gedacht wird, werde als zugehöriger **Kombinationskreis** bezeichnet. — Dagegen werde eine Endbeschaffenheitsform, sofern sie zu mehrfacher Setzbarkeit befähigt gedacht wird, als eine **Multiponible** bezeichnet; und unterscheiden wir, wie Dependenten verschiedener Ordnung, so auch Multiponible verschiedener Ordnung.

313. — Sofern die mehrfache Setzbarkeit doch nicht ausschliefslich von der Umgebung, sondern auch von den gesamten Bedingungen innerhalb des Systems C selbst abhängig gedacht werden kann, können auch Endbeschaffenheitsformen, welche von der Umgebung unabhängig sind — also Independenten (vgl. n. 258) — als Multiponible gedacht werden.

DRITTES KAPITEL.
Die Veränderung der Endbeschaffenheiten.

I.

314. — Die gegebene Bestimmung der Dependenten als mehrfach setzbarer Endbeschaffenheitsformen (Multiponiblen) läfst indessen die Denkbarkeit einer eventuellen Veränderung derselben zu. Unsere allgemeine Voraussetzung umschliefst drei Fälle dieser Art:

1) Durch die veränderliche Stellung, welche das System C zu den Umgebungskombinationen oder diese untereinander einzunehmen vermögen, kann der Fall

eintreten, dafs — ohne Änderung innerhalb der bestimmten Umgebungskombination selbst — schon eine Änderung nur von dessen Umgebung, ja auch nur ein Übergang zu dieser bestimmten Umgebungskombination in einer andern als der meistgesetzten Richtung die Bedeutung einer Komplementärbedingung erhält.

2) Nachdem sich die Dependente als solche niedrerer oder höherer Ordnung entwickelt hat, erwirbt eine Änderung innerhalb der zugehörigen Umgebungskombination oder des betr. Umgebungskombinationskreises die Bedeutung einer Komplementärbedingung.

3) Eine Umgebungskombination, welche als solche überhaupt noch nicht gesetzt war, wird zur Komplementärbedingung.

315. — In Fall 1 und 2 ist eine frühere Komplementärbedingung bereits gesetzt, und was immer irgendwie noch aufserdem die Bedeutung einer Komplementärbedingung erhält, kann — sofern es überhaupt als zu ihr gehörig vorausgesetzt wird — nur als ein Zuwuchs gedacht werden, um welchen die ursprünglich gesetzte Komplementärbedingung vermehrt wird.

316. — Da nun durch die ursprüngliche Komplementärbedingung eine bestimmte Endbeschaffenheitsform gesetzt war, so wird dieselbe in Fall 1 und 2 zunächst wieder gesetzt und der Komplementärbedingungs-Zuwuchs als eine Änderung dieser ursprünglichen Endbeschaffenheitsform bedingend gedacht werden müssen.

317. — Das heifst:

Wird infolge einer geänderten Komplementär-

bedingung eine andere Endbeschaffen‑
heitsform, als früher gesetzt war, bedingt, so
ist solche immer nur als Änderung der frü‑
heren Endbeschaffenheitsformen zu denken.

Dieser Satz gilt auch für den Specialfall, dafs ein bestimmter Teil einer einzelnen Umgebungskombination, welcher sich nur in den mehrfachen Setzungen derselben, aber nicht in den verwandten Umgebungskombinationen wiederholte, eine Partialform einer ursprünglichen Endbeschaffenheit entwickelt, also eine Partialform setzte, welche nicht von dem Sich-Wiederholenden einer **Mehrheit** von Umgebungskombinationen bedingt war. — Der obige Satz gilt aber auch für den Specialfall, dafs der Zuwuchs nicht als aus der Umgebung stammend gedacht wird, sondern aus dem System C selbst als dem Inbegriff der systematischen Vorbedingungen.

318. — Für den restierenden Fall 3 erfolgt (gemäfs n. 303 ff.):

Wird als Komplementärbedingung überhaupt eine Umgebungskombination zugelassen, welche als solche noch nicht gesetzt war, so kann sie zunächst als wirkliche Komplementär‑ bedingung nur gedacht werden, sofern als sie mit irgendwelchen früheren Komplementärbedin‑ gungen verwandt ist; d. h. sofern sie zusammen‑ fällt mit einer denkbaren Komplementärbedin‑ gung, welche bereits eine wirkliche war.

319. — Es läfst sich mithin die Verwirklichung einer noch nicht gesetzt gewesenen Komplementärbe‑ dingung auffassen als Zerlegung der Komplementär‑ bedingung überhaupt in zwei Komponenten: in eine bereits von früher her zugelassene und einen eventuellen Zuwuchs zu derselben.

Hiermit führt sich Fall 3 auf die beiden ersten zurück, und der für jene Fälle geltend gemachte Satz (n. 317) gilt auch für Fall 3.

320. — Hieraus folgt:

Sofern die Endbeschaffenheiten ihrer Form nach von der Übung abhängig gedacht werden, ist keine Endbeschaffenheit ihrer Form nach als eine absolut neue zu denken, sondern entweder als eine **reine Wiederholung** oder als **Variation der Wiederholung**.

Und umgekehrt würde auch jede Neuerung innerhalb der Endbeschaffenheiten nur als Variation bestehender gedacht werden können.

II.

321. — Wird mithin eine geänderte Systembeschaffenheitsform gesetzt, so ist immer zugleich die ungeänderte vorausgesetzt.

Denkt man nun bei der Setzung einer geänderten Endbeschaffenheitsform nur den Übungsvorteil in Betracht kommend, so muſs man die ungeänderte als ein Zeitteil vor der geänderten verwirklicht denken.

322. — Denkt man aber den Vorteil der Übung geringer, bez. denjenigen der aktuell gesetzten Komplementärbedingung gröſser, so kann die zeitliche Differenz auf Null verkleinert und die geänderte Endbeschaffenheit sofort gesetzt angenommen werden.

Beide Fälle schlieſsen nicht aus, daſs dann die geänderte Endbeschaffenheit wieder in die frühere ungeänderte zurückgeht.

323. — Für den Specialfall sodann, daſs die ungeänderte Endbeschaffenheit gleichbedeutend ist mit der unvariierten Form eines partialsystematischen Komomentes, würden wir im Fall n. 321 für die ersten Glieder der Vitalreihe die bereits n. 220 ausgezeichnete Zusammensetzung erhalten:

$$\Gamma_1, \Gamma_1 + \Delta\Gamma_1.$$

324. — Und mithin, sofern $\Gamma_1 + \Delta\Gamma_1$ zugleich die Initialänderung einer Vitalreihe höherer Ordnung

ist (vgl. n. 222), wird diese letztere selbst (nach n. 320) in ihrem Vorabschnitt als reine Wiederholung eines partialsystematischen Komomentes (Γ_1), im Initialabschnitt als Variation der Wiederholung (= Setzung des variierten Komomentes $\Gamma_1 + \varDelta\Gamma_1$) und — nach mannigfachem Wechsel von reinen Wiederholungen und Variationen im Medialabschnitt — schließlich als Aufhebung der Variation als solcher im Finalabschnitt zu bestimmen sein.

III.

325. — Bezeichnen wir eine Endbeschaffenheitsform, welche und sofern sie für ein Individuum nicht nur **mehrfach**, sondern zugleich (wenigstens innerhalb gewisser weiterer Grenzen) **unverändert** setzbar ist, als **Subkonstante**; so folgt endlich:

Sofern die Vitalreihe höherer Ordnung beginnt mit der Setzung der Variation eines partialsystematischen Komomentes und endet mit der Aufhebung der Komomenten-Variation als solcher, nähert die Multiponible sich einer Endbeschaffenheit an, welche für das betreffende System C nicht mehr durch die zugehörigen Umgebungskombinationen variiert wird, also in Bezug auf letztere und für das individuelle System C (innerhalb gewisser Grenzen) unverändert setzbar ist, d. h. **die Multiponible nähert sich einer Subkonstanten an.**

VIERTES KAPITEL.
Rückblick auf die Bestimmung der Vitalreihe und der Schwankungen.

I.

326. — Zum Abschlufs unserer Analyse der Vitalreihe höherer Ordnung werfen wir noch einen Blick auf ihre einzelnen Bestimmungen und deren Verhältnis zu den allgemeinen Bestimmungen der Schwankungen überhaupt.

Die Vitalreihe höherer Ordnung, welche wir auswählen, setzt sich in den Hauptwerten unseres n. 201 zu Grunde gelegten Falles zusammen wie folgt. Erstlich: aus $\varGamma_1$. Hiermit ist bezeichnet eine Endbeschaffenheit des Systems C — zunächst ihrer Form nach; welche Endbeschaffenheit, bez. Endbeschaffenheitsform, als mit einer gleichmäfsigen Arbeitsvermehrung zusammenfallend, die Bedeutung eines partialsystematischen Komomentes erworben hat (n. 202), als Endbeschaffenheit speciell eines durch die Umgebung bedingten partialsystematischen Komomentes wiederum ihrer Abhängigkeit nach eine Dependente (n. 309), ihrer Setzbarkeit nach eine Multiponible (n. 312) und als partialsystematisches Komoment überhaupt eine unvariierte eingeübte Schwankung (vgl. n. 168) darstellt. Ferner: aus der Änderung $\varDelta\varGamma_1$, um welche $\varGamma_1$ positiv oder negativ vermehrt wird; wobei (gemäfs n. 206) $\varDelta\varGamma_1$ auch durch die mitgesetzte Endbeschaffenheit eines anderen Komomentes bedingt sein kann. Wir nehmen sodann (in Übereinstimmung mit n. 321 und 323 f.) an, dafs die zugehörigen Änderungszeiten durch die differente

Übung so verteilt seien, dafs Γ_1 ein Zeitteil vor $\Gamma_1 + \varDelta\Gamma_1$ verwirklicht werde; und nehmen ferner (entsprechend n. 224) an, dafs eine Anzahl eingeschalteter (unhaltbarer) und selbst eventuell wieder variierter Endbeschaffenheiten mannigfaltigster Art mit der variierten Endbeschaffenheit abgewechselt habe, ehe die Finaländerung (höherer Ordnung) Γ_ω gewonnen war, welche, je nachdem sie eine Restitution oder eine Substitution im weiteren Sinne ausdrückt (gemäfs n. 280; vgl. n. 260), als Γ_ϱ oder Γ_σ zu bezeichnen wäre.

Auch Γ_1 wird übrigens nach seiner Setzung im Vorabschnitt weiterhin noch verschiedentlich mitauftreten können — ganz abgesehen vom Medialabschnitt; doch wollen wir hiervon, sowie von andern Komplikationen, welche keine principiellen Unterschiede bedingen, der Einfachheit willen absehen. Ebenso berücksichtigen wir an dieser Stelle nicht besonders die von der Umgebung unabhängig entwickelten Endbeschaffenheitsformen, da dieser Unterschied hier noch nicht in Betracht kommt.

II.

327. — Das Verhältnis der angeführten einzelnen Bestimmungen unserer ausgewählten Vitalreihe höherer Ordnung zu den allgemeinen Bestimmungen der Schwankung überhaupt (vgl. n. 162 ff.) versuche die folgende Tabelle zu veranschaulichen, in welcher wir aber einerseits die Vitalreihe erster Ordnung nur soweit berücksichtigen als genügt, um ihre Beziehung zu derjenigen höherer Ordnung anzudeuten, und andererseits die eventuell sehr grofse Mannigfaltigkeit von Werten des Medialabschnittes der Einfachheit wegen nur durch Γ_1, Non-Γ_1 vertreten lassen: selbst die Reihe $\Gamma_1, \Gamma_2, \Gamma_3, \ldots \Gamma_n$ würde nicht genügen, die Medialänderungen auch nur annähernd genau auszudrücken, da die Werte Γ_1 und $\Gamma_1 + \varDelta\Gamma_1$ in einer von vornherein gar nicht zu bestimmenden Weise hineinspielen können[7]).

152   Teil I, Abschn. V: Die Endbeschaffenheiten etc.   Kap. 4: Rückblick etc.

	Initial-änderung.	Medialänderung.				Finaländerung.
		Vorabschnitt	Initialänderung.	Medialänderung.	Finaländerung.	
Fall I: Vitalreihe 1ter Ordnung.	1ter Ordnung.					
Fall II: Vitalreihe höherer Ordnung.						
Vitaldifferenz überhaupt.	1ter Ordnung.	1ter Ordnung.	Höherer Ordnung.	Wechsel.	1ter Ordnung.	0ter Ordnung.
Glieder der Reihe.	(Partialsystematisches Moment II).	Γ_1	$\Gamma_1 + \Delta\Gamma_1$	Γ_1, Non-Γ_1 $\Gamma_\omega = \Gamma_\varrho$ od. $\Gamma_\omega = \Gamma_\sigma$		(Aufhebung der Schwankung überhaupt.)
Schwankungsgröße	Das System C tritt erst nach Setzung der Schwankung unter die Bedingungen des Wachsens.	Hinreichend zur Erheblichkeit.				—
Schwankungsform		Als Multiponible von den sich wiederholenden Bestandteilen der Umgebung bedingt.	Herabsetzung der Multiponibilität in Bezug auf die früheren zugehörigen Umgebungskombinationen.	Wechsel.	Annäherung an eine Subkonstante.	—
Schwankungs-relevanz		Die erhebliche Schwankung gehört einem Hauptpartialsystem zu.				—
Schwankungs-richtung		Rein negativ.	Änderung der Richtung im positiven Sinne.	Wechsel.	Aufhebung der Richtungsänderung.	.
Form (Schwankungsvariation nach)		Als partialsystematisches Komoment eine reine Eingeübte.	Positive Transexercition.	. . .	Negative Transexercition.	—
Übungswert		Maximale Geübtheit.	Verringerte Geübtheit.	. . .	Vermehrte Geübtheit.	—
Zusammenhang.		Vermehrung der Artikulation, bez. Opposition.	Maximum der Artikulation, bez. Opposition.	. . .	Verminderung der Artikulation, bez. Opposition.	—

SECHSTER ABSCHNITT.
Die Systeme C höherer Ordnung.

ERSTES KAPITEL.
Die Setzung der Systeme C höherer Ordnung überhaupt.

I.

328. — Wir haben noch den Weg, den unsere Analyse (n. 127 f.) erschlofs, etwas weiter zu verfolgen: nachdem wir die Änderungen des Systems C nach ihrer Bedeutung für die Behauptung seiner selbst unter Verminderungen seines vitalen Erhaltungswertes im Sinne und Umfang unseres Zweckes analysiert haben, dürfte ihre Bedeutung auch für die Behauptung von Systemen höherer und höchster Ordnung, d. h. also für die Systeme C anderer Individuen hier wenigstens mit einem Blick zu streifen sein.

Schon jedes System C ist, von seinen Partialsystemen aus betrachtet, ein System höherer Ordnung, weil ein System von Partialsystemen; und selbst jedes Partialsystem wird zu einem System höherer Ordnung, wenn es als eine Verbindung zusammengesetzter Elemente betrachtet wird; und endlich auch jedes zusammengesetzte Element.

Wir haben indes mit unserer Betrachtung vom System C auszugehen.

329. — Von einem System C voraussetzen, dafs es sich unter Verminderungen seines vitalen Erhaltungswertes vollständig behaupte, hiefse also nach seinem Begriff: voraussetzen, dafs sich ein **System von Systemen** im allgemeinen — und im besonderen auch dann vollständig behaupte, wenn eines seiner Partialsysteme eine Verminderung seines speciellen vitalen Erhaltungswertes erlitten hat.

Von den verschiedenen Behauptungsformen des einzelnen Systems C kommt nun an dieser Stelle vorwiegend der Fall in Betracht, dafs sich die Änderung von dem in positiv zunehmender Schwankung befindlichen Partialsystem c_1 auf andere c_2, c_3, . . . fortpflanzt, bis endlich mit der Änderung eines der sekundär ergriffenen Partialsysteme zugleich die formalen Bedingungen der Vitaldifferenz-Aufhebung für c_1 erfüllt sind.

330. — Diesen hinzutretenden Änderungen kann nun wieder in Bezug auf den vitalen Erhaltungswert ihres zugehörigen Partialsystems eine entgegengesetzte Bedeutung zukommen: **es wird mit ihnen entweder für das hülfeleistende Partialsystem eine neue Vitaldifferenz gesetzt, bez. vermehrt, oder aber eine solche aufgehoben, bez. vermindert.**

In ersterer Hinsicht wird dann der Specialfall eintreten können, dafs durch die Behauptung eines Partialsystems das Gesamtsystem — und mit ihm jenes Partialsystem selbst — schliefslich zu Grunde geht; in der letzteren Hinsicht der Specialfall, dafs sich ein Partialsystem gerade dadurch behauptet, dafs es der

Behauptung eines oder mehrerer anderer dient. Im ersten Fall haben wir eine Form der Partial-Behauptung des Systems C, welche die Erhaltung des ganzen Systems bedroht; im zweiten Fall eine mutuale Form der System-Behauptung, auf welche wir bereits (n. 229) gestofsen sind.

II.

331. — Gehen wir von der Betrachtung des einzelnen Systems C über zu der Annahme, es seien zwei Individuen, M und T, also zwei Systeme C_M und C_T mit je einer eventuellen Vitaldifferenz ∂_M und ∂_T derart funktionell verbunden, dafs nicht nur M zu T und T zu M im allgemeinen, sondern auch speciell die **Medialänderungen**, welche der Setzung von ∂_M folgen, zu T im **Verhältnis von Änderungsbedingungen** stehen.

So bilden M und T (nach n. 41) wieder zusammen ein *System,* in welchem eine Mannigfaltigkeit von Änderungen des Individuums T als durch die ektosystematischen Änderungen des Systems C_M bedingt gedacht werden kann.

332. — Es kann dann die Bedeutung, die T als Änderungsbedingung wieder für M hat, dadurch vermindert, bez. aufgehoben werden, dafs seitens M die Bewegungen, bez. Mitteilungen des T unterdrückt werden, oder dafs die Änderungen des Systems C_T, auf welchen die Bewegungen und Mitteilungen beruhten, modifiziert oder verhindert werden, oder dafs T selbst aus der Umgebung des M entfernt (in einem bestimmten Raum eingeschlossen oder vertrieben oder überhaupt vernichtet) wird; oder aber gerade entgegengesetzt, es kann die Bedeutung, welche T als Ände-

rungsbedingung für M hat, fixiert und vermehrt werden: es kann T durch die ektosystematischen Änderungen des Systems C_M gerade dem M genähert oder in seiner Umgebung festgehalten, es können des T Bewegungen und Mitteilungen, bez. die sie bedingenden Änderungen des Systems C_T konserviert und vermehrt werden — es kann T selbst durch jene Medialänderungen des M erhalten werden.

III.

333. — Jede dieser denkbaren seitens M bedingten Änderungen von T setzen eine andere Form ektosystematischer Änderungen des Systems C_M als ihre Bedingung voraus: während aber von allen denkbaren ektosystematischen Änderungen des Systems C_M die jeweilen meistvorbereitete gesetzt sein würde, würde diejenige in der Weiterentwicklung den Vorbereitungsvorteil erwerben, mit deren Setzung eine solche Änderung von T bedingt war, welche die Vitaldifferenz δ_M aufzuheben vermochte. Mithin würden von allen ektosystematischen Medialänderungen des Systems C_M, welche zugleich Änderungsbedingung für T sind, sich in der Weiterentwicklung des Systems C_M diejenigen erhalten, welche T im Sinne der formalen Bedingungen der Aufhebung der Vitaldifferenz δ_M zu ändern vermögen.

334. — Von allen denkbaren derart gesetzten Verhältnissen der Aufhebung einer Vitaldifferenz δ_M durch eine Änderung von T wird sich aber auf die Dauer wieder nur ein solches erhalten können, bei welchem auch T erhalten bleibt.

335. — T selbst aber wird endlich innerhalb eines solchen Verhältnisses die günstigsten Bedingungen seiner Erhaltung dann finden, wenn einerseits dies Verhältnis nicht nur die Bedingung erfüllt, δ_M aufzuheben, sondern auch diejenige: durch die Aufhebung von δ_M zugleich eine Vitaldifferenz des eigenen Systems C_T, also δ_T aufzuheben; und wenn andererseits eine Vitaldifferenz δ_T auch eine Vitaldifferenz δ_M bedingt, welche durch die Aufhebung von δ_T selbs aufgehoben werden kann. D. h. also: wenn die Vermehrung des vitalen Erhaltungswertes von C_M sich an die Bedingung der Vermehrung des vitalen Erhaltungswertes von C_T derart funktionell geknüpft hat, dafs die Vermehrung des vitalen Erhaltungswertes von C_M durch die Vermehrung desjenigen von C_T bedingt ist und eine Verminderung des vitalen Erhaltungswertes von C_T zugleich eine solche für C_M bedingt.

336. — Je weniger das System C_M seine Vitaldifferenzen durch Setzung solcher bei C_T aufhebt, desto weniger erwachsen dem System C_T die eigenen Vitaldifferenzen seitens C_M, sondern aus der übrigen Umgebung, welche mit Non-C_M bezeichnet werden mag; und je mehr die dem System C_T gesetzten Vitaldifferenzen auch dem System C_M Vitaldifferenzen setzen, welche durch Aufhebung jener bei C_T gesetzten aufgehoben werden würden, desto mehr werden auch die dem System C_T aus Non-C_M erwachsenden Vitaldifferenzen zu gemeinschaftlichen und können gemeinschaftliche Medialänderungen nach sich ziehen, von denen diejenigen, welche Non-C_M oder das Verhältnis zu Non-C_M in einem entsprechend entgegengesetzten Sinne (vgl. n. 252) variieren, die gemeinschaftliche Vitaldifferenz aufzuheben vermögen würden.

337. — Da nun, was von M zu T auch von T zu M und wie für C_M und C_T, so auch für mehr als

zwei Systeme C gilt, solche Systeme aber, deren Änderungen voneinander abhängen, wieder selbst (nach n. 41) unter den Begriff eines Systems zu befassen und mithin vom einzelnen System C aus, als System C höherer Ordnung oder ΣC zu bezeichnen sind, so folgt:

Ein Verhältnis der Vitaldifferenz-Aufhebung zwischen zwei oder mehreren Systemen C und mithin ein System C höherer Ordnung überhaupt findet um so günstigere Bedingungen seiner Erhaltung, je mehr die Vitaldifferenz-Aufhebung eine gegenseitige ist, die Vitaldifferenzen ausschliefslich aus Non-ΣC erwachsen und somit die Bedeutung gemeinschaftlicher erworben haben.

338. — Dagegen werden die Bedingungen zur Erhaltung eines Systems C höherer Ordnung um so ungünstiger sein: je weniger das Verhältnis der Vitaldifferenz-Aufhebung zwischen den Einzelsystemen ein gegenseitiges, sondern ein einseitiges ist; je weniger die Vitaldifferenzen der einzelnen aus Non-ΣC, sondern gerade aus ΣC erwachsen; je weniger die aufserdem aus Non-ΣC erwachsenden Vitaldifferenzen gemeinschaftliche, sondern isoliert individuelle sind.

IV.

339. — Solche Systeme höherer Ordnung, deren Teile Systeme C sind, sind überall vorauszusetzen, wo die Bewegungen, bez. Mitteilungen eines Individuums, in welchen dies seine Vitaldifferenzen der Aufhebung annähert, einem anderen Individuum Vitaldifferenzen setzen oder aufheben, so dafs auch die Medialänderungen des dem zweiten zugehörigen Systems C für das dem ersten zugehörige System C zu Änderungs-

bedingungen und d. h. wiederum zur Bedingung der Setzung oder Aufhebung von Vitaldifferenzen werden; mithin in jeder kleineren oder gröfseren menschlichen Gesellschaft. Derartige Systeme höherer Ordnung, deren Elemente oder Teile menschliche Individuen, bez. die Systeme C menschlicher Individuen sind, mögen — in Ermangelung eines anderen, genügend beziehungsfreien Ausdrucks — **Kongregalsysteme** (verschiedener Ordnung) benannt werden.

340. — Und dem (n. 337) Gesagten entsprechend benennen wir jede individuelle Vitaldifferenz-Aufhebung, welche, als Änderungsbedingung für die übrigen vom Kongregalsystem umschlossenen Einzelsysteme genommen, eine der Erhaltung des Kongregalsystems günstige ist, als **positiv kongregale**, andernfalls als **negativ kongregale**; und Systeme C höherer Ordnung oder Kongregalsysteme mit überwiegend positiv kongregalen Einzelbehauptungen kurz als **positive**, im entgegengesetzten Fall als **negative Kongregalsysteme**. Das Verhältnis der Änderungsbedingung selbst, in welchem die Einzelsysteme zu einander stehen, sofern es unter dem Gesichtspunkt des Kongregalsystems betrachtet wird, sei gestattet, kurz als **Kongregalität** zu bezeichnen.

ZWEITES KAPITEL.
Die Erhaltung der positiven Kongregalsysteme.

I.

341. — Aus dem Gesagten folgt, dafs — soweit nur die Kongregalität (und nicht die Macht besonderer äufserer Ereignisse oder die besondere Befähigung

der Individuen oder der Rasse zur Aufhebung der Vitaldifferenzen überhaupt) in Betracht kommt — es folgt also:

Als die Kongregalsysteme, welche im Laufe der Weiterentwicklung erhalten bleiben, sind ausschliefslich die positiven Kongregalsysteme vorauszusetzen; sei es, dafs die negativen Kongregalsysteme durch innere Selbstauflösung (infolge der innerlich gesetzten Vitaldifferenzen) oder durch äufsere Ereignisse (infolge mangelnder Gemeinschaftlichkeit von aufsen gesetzter Vitaldifferenzen) zu Grunde gingen, sei es, dafs sich die negativen Kongregalsysteme in positive umbildeten.

342. — Die Bedingungen zu dieser Umbildung sind aber in folgenden Voraussetzungen mit vorausgesetzt:

1) Die durch das Einzelsystem C_T bedingten Änderungen, welche für ein zweites Einzelsystem C_M zunächst nur die Bedeutung einer Vitaldifferenz-Aufhebung haben, erwerben, je länger sie diese Bedeutung haben oder je mehr ihnen eine in der typischen Entklung des Systems C_M gesetzte Vitaldifferenz enticht, mehr und mehr die weitere Bedeutung hinzu: C_M ein funktionell und formell bestimmtes Haupttialsystem zu entwickeln (n. 115 ff.), das bei Nichtzung von C_T sich in einer Ernährungs- oder Arbeitsschwankung (n. 192), also (analog mit n. 203 bezeichnet) in einer Vitaldifferenz erster Ordnung befinden würde. Je mehr dies aber der Fall ist, desto mehr bedingen alle Änderungen, welche eine Verminderung des vitalen Erhaltungswertes von C_T bedeuten, sofern sie zugleich die Setzung jener — es wird unmifsverständlich sein,

sie so zu benennen — *kongregalen* Momente oder Komomente von C_M variieren, auch für dieses Einzelsystem eine Vitaldifferenz zweiter Ordnung, zu deren Aufhebungsarten auch wieder die Aufhebung jener Verminderung des vitalen Erhaltungswertes von C_T und somit die Vermehrung des vitalen Erhaltungswertes von C_T gehört. Es bildet sich hiermit ein eventuelles früheres einseitiges Verhältnis der Vitaldifferenz-Aufhebung in ein definitives gegenseitiges um.

343. — 2) Je mehr sich ferner in der angegebenen Weise ein System höherer Ordnung im Sinne positiver Kongregalität entwickelt und dadurch, dafs die Änderungen der Einzelsysteme für einander die Bedeutung der Aufhebung einer Vitaldifferenz erster Ordnung erwerben, als positives Kongregalsystem befestigt, desto mehr werden Änderungen eines vom Kongregalsystem umfafsten Einzelsystems, welche von denjenigen Änderungen, auf denen das *kongregale* partialsystematische Moment oder Komoment der anderen beruht, abweichen, auch zu Vitaldifferenzen zweiter Ordnung für die übrigen.

II.

344. — Für die Aufhebung dieser, Vitaldifferenzen zweiter Ordnung bedingenden, Abweichungen sind indes folgende Bedingungen unseren Voraussetzungen zu entnehmen:

1) Für den Fall, dafs die abweichenden Änderungen einem noch hinreichend variationsfähigen Einzelsysteme zugehören:

a) die Änderungen der übrigen Systeme fungieren als übende, und das seitens der übrigen Systeme geübte Einzelsystem variiert die Gesamtheit seiner systematischen Änderungsvorbedingungen durch Anpassung an die übenden Änderungen; oder:

b) die Änderungen der übrigen Systeme fungieren als regulierende, und die abweichenden Änderungen des Einzelsystems werden seitens der übrigen Systeme dadurch im Sinne der Übereinstimmung variiert, dafs die Gesamtheit der systematischen Änderungsvorbedingungen für die abweichenden Änderungen vermindert oder unterdrückt werden.

345. — 2) Für den Fall, dafs die abweichenden Änderungen einem nicht mehr hinreichend variationsfähigen Einzelsystem zugehören: die solcherart bedingten Vitaldifferenzen zweiter Ordnung werden nicht dadurch aufgehoben, dafs die Gesamtheit der Änderungsvorbedingungen des Einzelsystems variiert wird, sondern dafs das Abhängigkeitsverhältnis, in welchem die übrigen Systeme zu dem abweichenden stehen, variiert, bez. aufgehoben wird — wozu in der räumlichen Isolierung oder Entfernung, bez. in der Vernichtung des betreffenden Systems die ektosystematischen Bedingungen vorausgesetzt sind.

346. — 3) Für den Fall, dafs die Abweichung auf eine Weiterentwicklung des positiven Kongregalsystems selbst beruht, welche nur bei einem Einzelsystem früher auftritt als bei den übrigen, kann die Abweichung auch durch die Variation der übrigen Systeme aufgehoben werden, indem sie die abweichende Änderungsform allmählich selbst als eigene erwerben.

347. — In allen diesen Fällen werden die Vitaldifferenzen, welche den Einzelsystemen aus dem positiven Kongregalsystem ΣC selbst erwachsen, nicht nur aufgehoben, sondern auch die Bedingung ihrer Setzung überhaupt ausgeschaltet und ebendamit auch die Be-

Kap. 2: Die Erhaltung der positiven Kongregalsysteme. 163

dingung für Vitaldifferenzen der einem positiven Kongregalsystem ΣC zugehörigen Einzelsysteme auf Non-ΣC beschränkt.

348. — Indem sich die Bedingungen zu Vitaldifferenzen für die von ΣC umschlossenen Systeme auf diejenigen beschränken, welche durch Non-ΣC gesetzt sind, werden endlich auch die durch Non-ΣC bedingten Vitaldifferenzen um so mehr zu gemeinschaftlichen, je mehr und zwischen je mehr Einzelsystemen das Verhältnis der Vitaldifferenz-Aufhebung ein gegenseitiges geworden ist und je mehr andererseits Non-ΣC selbst die Bedeutung einer gemeinschaftlichen Umgebung besitzt.

III.

349. — Wie für die Erhaltung, so sind die Bedingungen für das Wachstum sich erhaltender Kongregalsysteme in unserer Analyse mitvorausgesetzt; hier mögen nur zwei hervorgehoben werden:

1) das Wachstum durch den Überschufs der Geburten über die Todesfälle, und der Einwanderung über die Auswanderung;

2) das Wachstum durch Einbeziehung eines andern Kongregalsystems oder durch Zusammentritt zweier zu einem Kongregalsystem höherer Ordnung. In beiden Fällen ergeben zwei Kongregalsysteme, die sich neutral oder negativ verhielten, sei es durch zunächst einseitige, sei es durch gegenseitige Umbildung der negativen in positive Kongregalität ein gröfseres Ganze.

IV.

350. — Wie die Vitaldifferenz der Partialsysteme eines Systems C_M aufgehoben wird durch Aufhebung

11*

der Vitaldifferenz entsprechender Partialsysteme eines andern Systems C_T, und wie dadurch zugleich die Erhaltung des so bedingten Kongregalsystems (aber auch des umfassenderen, dem jenes eventuell angehört) geleistet wird, zeigt der Geschlechtsverkehr, wenn man ihn rein nur von seiner physiologischen Seite in Bezug auf das System C analysiert. Unter demselben Gesichtspunkt betrachtet zeigt dann weiter die Ausbildung der Ehe eine Entwicklung jenes Verkehrs, bez. des durch ihn gesetzten Kongregalsystems, zu immer höheren positiv kongregalen Werten. Übertroffen an Allgemeinheit und Positivität ist jene Entwicklung der Kongregalität noch in dem (damit zusammenhängenden) Fall, daſs C_M einer Mutter, C_T ihrem Kinde zugehört. Bei einer Mehrheit von Kindern können ferner deren Systeme C durch das enge Zusammenleben wieder in das Verhältnis gegenseitiger Vitaldifferenz-Aufhebung und der anderen positiv kongregalen Werte eintreten, wodurch dann, in Verbindung mit der Höherentwicklung des Geschlechtsverkehrs zur Ehe, die **Familie** die feste Basis positiver Kongregalität für die Entwicklung und Erhaltung des Stammes u. s. w. abgiebt.

V.

351. — Rückblickend würde schlieſslich, übrigens sowohl für die Partialsysteme, sofern sie Teilsysteme des Systems C sind, bez. für C selbst, als auch für die Systeme C_M, C_T etc., sofern sie Teilsysteme eines Kongregalsystems ΣC sind, bez. für ΣC selbst, im allgemeinen zu bemerken sein:

Je mehr sich ein Teilsystem durch Verminderung des vitalen Erhaltungswertes anderer zum gleichen

Gesamtsystem gehörender behauptet, desto ungünstiger sind die Bedingungen für die Erhaltung des Gesamtsystems; und dagegen: je mehr sich die Teilsysteme im Sinne gegenseitiger Vermehrung des vitalen Erhaltungswertes behaupten, desto günstiger sind die Bedingungen für die Erhaltung des Gesamtsystems.

Und die denkbar günstigste Bedingung für die Erhaltung des Gesamtsystems würde sein, wenn kein Teilsystem sich durch Verminderung, sondern jedes durch Vermehrung des vitalen Erhaltungswertes anderer sich behauptet; so dafs als das *vollkommene Verhältnis* der Fall zu bezeichnen wäre: wenn jedes einzelne Teilsystem sich unter der denkbar gröfsten Vermehrung des vitalen Erhaltungswertes der denkbar gröfsten Anzahl anderer Teilsysteme und somit auch das Gesamtsystem selbst sich unter denkbar gröfster Vermehrung des vitalen Erhaltungswertes jedes einzelnen Teilsystems vollständig behauptete.

SIEBENTER ABSCHNITT.
Die Variation der unabhängigen Vitalreihe durch die Weiterentwicklung des Systems C.

ERSTES KAPITEL.
Die Variation der Vitalreihe als solcher.

I.

352. — Da, wie jede einzelne Änderungsform, so auch eine ganze Änderungsreihe, welche in einer beliebigen Zeit gesetzt wird, in einer früheren bereits gesetzt oder nicht gesetzt gewesen sein kann, so kann die Setzung einer Vitalreihe ebenfalls als eine erstmalige oder wiederholte und im letzteren Falle als eine **unveränderte** oder **veränderte** gedacht werden. Denn wie die Setzung und Bestimmtheit einer Vitalreihe bereits eine Entwicklung des Systems C voraussetzt, so ist auch eine Variation der Vitalreihe durch die Weiterentwicklung des Systems C vorauszusetzen. Wenn sich hierdurch die Aufgabe unserer Analyse auf alle denkbaren Variationen, sofern solche nur durch die Weiterentwicklung des Systems C bedingt sind, erweitert; so gestattet der engere Zweck unserer Untersuchung doch, uns auf einige allgemeinere und wichtigere Fälle zu beschrän-

ken, welche einerseits die Variation der Reihe als solcher, andererseits die Variation speciell der Finaländerung betrifft: in beiden Fällen sind Reihe und Finaländerung höherer Ordnung gemeint.

Da sich im Vorhergehenden eine absolute Nichtberücksichtigung der Weiterentwicklung nicht wohl empfahl, so wurde schon auf einzelne Fälle der Variation der Vitalreihe durch Weiterentwicklung des Systems C hingewiesen, wie z. B. beim Übergang von unhaltbaren zu haltbareren Finaländerungen (vgl. n. 325) und bei der Vertauschung einer von Umgebungsbestandteilen abhängigen und einer davon unabhängigen Art Schutzformen (vgl. n. 283); andere Fälle sind bereits in der Voraussetzung verschiedenartiger Vorbereitungen des Systems C eingeschlossen, wie denn z. B. eine Vitalreihe, deren jedes Glied als Resultante beliebig vieler konkurrierender Vorbereitungsarten (vgl. n. 301) gedacht wird, bereits lediglich infolge der Variationen der konkurrierenden Vorbereitungen bei Setzung gleicher Komplementärbedingungen zu verschiedenen Zeiten doch durch verschiedene Endbeschaffenheiten zusammengesetzt gedacht werden kann.

II.

353. — Wir beginnen mit der Variation der Vitalreihe als solcher.

1) Es kann eine Endbeschaffenheit, welche eine Finaländerung herbeiführte, zugleich den Wert einer sehr nachhaltigen Änderung annehmen, so dafs sich die Änderungszeit, welche zu ihrer Setzung erforderlich ist, derart verkleinert, dafs sie die Änderungszeiten von anderen Endbeschaffenheiten, welche früher zwischen ihr und der Initialänderung eingeschaltet waren, an Kleinheit übertrifft und folglich bei einer nicht zu verspäteten Wiederholung näher, eventuell unmittelbar an die Initialänderung heraufrückt. Hierdurch ist dann aber auch für den angenommenen Fall die Reihe abgeschlossen, ehe es zur Setzung weiterer, früher eingeschalteter Medialänderungen kommt: diese sind mithin im vorliegenden Falle von der Vitalreihe

ausgeschlossen. Letztere selbst hat sich dementsprechend abgekürzt.

III.

354. — 2) Sieht man von besonderen Nachhaltigkeiten ebensowohl als von anderen Besonderheiten individueller typischer oder pathologischer Anlagen, bez. deren Entwicklung, ab; und nimmt man nur die Übung, wie sie durch die mehr oder minder häufige Setzung von Umgebungsbestandteilen als Komplementärbedingungen vorauszusetzen ist, als Bedingung der Vitalreihe überhaupt an; so folgt zunächst (gemäſs n. 304 f.) für die erstmalige Setzung einer Vitalreihe, daſs die nach Setzung einer beliebigen Komplementärbedingung gesetzte Initialänderung auch rein als die in Bezug auf die Komplementärbedingung meistgeübte Änderung des Systems, und umgekehrt, die in Bezug auf die Komplementärbedingung meistgeübte Änderung als die Initialänderung des Systems zu denken ist.

Unter der gleichen Voraussetzung (des bloſsen Übungsfalles) ist dann (gemäſs n. 298) die Zusammensetzung der Vitalreihe durch den Übergang von mehr zu minder geübten Änderungen bedingt zu denken; wobei aber immer die letzte Endbeschaffenheit als Anfangsbeschaffenheit zur nächstfolgenden gedacht werden muſs.

355. — Wird nun die Setzung einer Reihe als Wiederholung derselben gedacht, so ist jedes Glied derselben, je häufiger wiederholt die Reihe gedacht wird, auch um so mehr geübt, mithin der Vorbereitungswert ihrer Glieder um so gröſser und folglich die zur Setzung jeder Endbeschaffenheit noch erforderliche Änderungszeit des Systems um so kleiner geworden zu denken.

356. — Folglich sind die einzelnen Endbeschaffenheiten einer Reihe um so schneller nacheinander gesetzt, die Glieder der Reihe mithin um so mehr aneinander gedrängt und die Reihe selbst um so schneller ablaufend zu denken, je öfter abgelaufen sie bereits gedacht wird.

357. — Denkt man die Zeiten noch kürzer werdend, so kann das Aneinanderdrängen der einzelnen Glieder übergehend in ein Ineinanderdrängen gedacht werden, sofern die früher gesetzten Glieder noch gesetzt bleiben, während die späteren gesetzt werden.

358. — Ebenso aber kann eine Endbeschaffenheit scheinbar übersprungen gedacht werden, wenn infolge der Zeitverkürzung die Reihe über Zwischenglieder allzuschnell zu anhaltenderen Endbeschaffenheiten forteilt — die Zeit für die betreffenden Zwischenglieder verschwindend klein wird.

359. — Es ist mithin durch die Übung die Vitalreihe **dichter** geworden.

IV.

360. — 3) Auch in den Fällen (vgl. n. 301), in welchen die erstmalige Setzung einer Änderungsreihe nicht ausschließlich durch die Übung bedingt ist, sondern jede Änderung als Resultante mehrerer konkurrierender Vorbereitungsarten gedacht wird, kann doch die **Wiederholung** der Reihe als dem Übungsfall insofern angenähert gedacht werden, als auch hier Gleichheit und Unterschiede in der Wiederholung — als **Übungs-Vermehrungen oder -Verminderungen** — Änderungen in der Vitalreihe bedingen.

361. — Denkt man nämlich eine Vitalreihe, deren erstmalige Setzung Glied für Glied auf Konkurrenz mehrerer Vorbereitungsarten beruhte, doch, nachdem sie einmal gesetzt war, in ganz gleicher Weise wiederholt, so sind dieselben Variationen bedingt zu denken, wie vorher bei dem Fall einfacher Wiederholung.

362. — Denkt man aber bei den Wiederholungen (nach Bemerkung zu n. 352) verschiedene Endbeschaffenheiten sich ergebend, so können wiederum die einen häufiger als die andern resultierend gedacht werden.

Werden die einen Endbeschaffenheiten häufiger als die andern resultierend gedacht, so werden die Endbeschaffenheiten überhaupt als nach ihrer erstmaligen Setzung mehr oder minder häufig wiederholte, d. h. als nachträglich **mehr oder minder geübte** gedacht.

363. — Infolge der mit dieser nachträglichen gröfseren oder geringeren Übung gesetzten nachträglichen Variation ihrer ursprünglichen Vorbereitungswerte können wieder Variationen, welche denjenigen, die wir n. 353 angemerkt haben, verwandt sind, eintretend gedacht werden:

Es können Endbeschaffenheiten, welche ursprünglich entfernt von der Initialänderung angeordnet waren, sich derselben annähern; andere, welche ursprünglich ihr nahe waren, sich von ihr entfernen. Es können somit zwei Endbeschaffenheiten auch ihre Stelle miteinander **vertauschen**.

364. — Hierdurch können wieder Endbeschaffenheiten, mit welchen Vitaldifferenz-Aufhebung gesetzt ist, sich **vor** solche einordnen, mit welchen sie nicht oder noch nicht gesetzt war: und somit auch wieder Endbeschaffenheiten, welche vorher der Vitalreihe an-

gehörten, aus derselben verdrängt und somit ausgeschaltet werden.

365. — Aber ebenso kann eine Endbeschaffenheit, welche ursprünglich einer Vitalreihe nicht angehörte, durch anderweit gesetzte Übungen oder durch eine andersartige Vorbereitung in die Vitalreihe übertreten und somit eingeschaltet werden.

366. — Wird der Unterschied der zu den Endbeschaffenheiten zugehörigen Änderungszeiten, auf welchem die Ein-, bez. Ausschaltung von Endbeschaffenheiten beruht, gleichgeblieben gedacht, so mufs auch die Ein- und Ausschaltung, bei Wiederholung der Komplementärbedingung, sich wiederholend gedacht werden.

367. — Je öfter eine Endbeschaffenheit aus einer Vitalreihe infolge ihrer geringeren Übung ausgeschlossen geblieben ist, desto seltener ist sie innerhalb der Reihe wieder geübt worden, desto mehr nimmt folglich ihr Vorbereitungswert weiter ab und ihre Änderungszeit weiter zu; und je öfter eine Endbeschaffenheit infolge ihrer gröfseren Übung wieder gesetzt wurde, desto häufiger ist sie eben dadurch wieder geübt worden, desto mehr also nimmt ihr Vorbereitungswert weiter zu und ihre Änderungszeit weiter ab.

368. — Wie durch die Übungsverminderung somit eine Endbeschaffenheit dauernd aus einer Vitalreihe ausgeschaltet gedacht werden kann, so kann durch sie des weiteren erreicht gedacht werden, dafs jene Endbeschaffenheit auch als Anhängsel nicht mehr gesetzt wird.

Dieser Fall äufserster Übungsentziehung wird dann eintreten, wenn das System C nach Beendigung der Vitalreihe auf Endbeschaffenheiten übergeht, welche als Glieder anderer Vitalreihen geübter sind, als jene eliminierte.

369. — Nun ist aber auch sehr wohl denkbar, daſs eine Endbeschaffenheit mehreren Vitalreihen ursprünglich angehörte oder nachträglich eingefügt wird; in diesen Fällen kann dann eine Endbeschaffenheit in Bezug auf eine Vitalreihe ein Anhängsel, in Bezug auf eine zweite ein integrierender Bestandteil — in Bezug auf eine Komplementärbedingung dauernd unterdrückt, in Bezug auf eine zweite dauernd gepflegt sein.

370. — Ist aber eine Endbeschaffenheit in keine andere Vitalreihe eingeordnet oder aus jeder, wo sie es war, wieder ausgeschaltet (s. o. n. 368), so kann durch Übungsmangel ihr Vorbereitungswert auf ein Minimum herabsinken — ihre formelle Bestimmtheit sich weit zurückbilden *(verkümmern)*.

371. — Mag nun die Ausschaltung von Endbeschaffenheiten auf der Konkurrenz von Übungsunterschieden oder von mannigfachen Vorbereitungsarten beruhen, in jedem Falle kann die Ausschaltung aus einer Vitalreihe immer nur Endbeschaffenheiten treffen, welche zur Aufhebung der Vitaldifferenz entbehrlich waren — sei es, weil sie zu solcher Aufhebung überhaupt **nicht geeignet** sind, sei es, weil andere ihnen **zuvorgekommen**.

372. — Mithin:

a) Werden aus einer vollständigen Vitalreihe Endbeschaffenheiten, die ihr ursprünglich angehörten, später ausgeschaltet, so können die ausgeschalteten nur als solche Endbeschaffenheiten gedacht werden, mit deren Setzung nicht (noch nicht, nicht mehr) Vitaldifferenz-

Aufhebung gesetzt war, welche also in diesem Sinne entbehrlich waren.

b) Infolge der Ausschaltung entbehrlicher Glieder kann eine Vitalreihe mehr und mehr auf solche Endbeschaffenheiten sich beschränkend gedacht werden, welche zur Vitaldifferenz-Aufhebung nicht entbehrlich, also in diesem Sinne un entbehrlich sind; und zwar ist die Beschränkung geschehend zu denken in der Richtung auf diejenigen Endbeschaffenheiten, mit denen am schnellsten Aufhebung der Vitaldifferenz gesetzt war.

c) Hierdurch ist die Vitalreihe in ihrem Medialabschnitt erfolgsgemäfser geworden.

Voraussetzung für diese Verkürzungen, Vereinfachungen, Beschränkungen bleibt immer, dafs die Systeme noch hinreichend entwicklungsfähig und nicht bereits in der Erstarrung begriffen sind.

V.

373. — Denkt man endlich eine beliebige, ursprünglich gesetzte Reihe Medialänderungen von allen entbehrlichen Gliedern — also von allen Gliedern, welche nicht auch in vorzüglicherem Sinne als eigentliche Vermittlung (vgl. n. 224) fungierten — befreit und durch deren Ausschaltung, sowie durch die Verdichtung auf ein Minimum der Zeitdauer beschränkt; so würde eine solche Medialreihe, welche die äufserste Grenze der Variation von Zahl und Anordnung ihrer Glieder, sowie von ihrer Ablaufzeit erreicht hätte, in Hinblick darauf, dafs sie die Aufhebung der Vitaldifferenz in der kürzesten Zeit mit den geringsten Medialänderungen herbeigeführt hätte, als *vollkommene Vermittelung* bezeichnet werden dürfen.

374. — Sofern nun aber in unserer allgemeinen

Voraussetzung auch — in den verschiedenen Vorbereitungsarten — die Bedingungen der angezogenen Reihenvariation enthalten sind, läfst sich folgern:

Nach Mafsgabe, als einem System C Entwicklungsfähigkeit und Zeit zur Variation der Vitalreihe zugestanden wird, nähert es seine Medialänderungen von beliebigen Anfangswerten der Zusammensetzung an die Bedeutung *vollkommener Vermittelungen* an.

ZWEITES KAPITEL.
Die Variation der Finaländerung.

I.

375. — Für den nunmehr zu betrachtenden andern Fall, der Weiterentwicklung der Finaländerung höherer Ordnung, haben wir zunächst dessen specielle Voraussetzungen hervorzuheben.

Es sei R_x ein beliebiger Umgebungsbestandteil, dem ein beliebiges System C exponiert sei. Wir nehmen an, irgend eine R_x zugehörige Beschaffenheit b_r wiederhole sich in R_x bei jeder Setzung — mag im übrigen R_x ein und derselbe oder ein gleichartiger Umgebungsbestandteil sein. b_r würde unter dieser Annahme das denkbar meist Sich-Wiederholende (Wiederkehrende) von R_x sein.

Ebenso können wir aber auch annehmen, dafs irgendeine dem System C zugehörige Beschaffenheit b_c sich in jeder Setzung von C wiederhole — also das denkbar meist Sich-Wiederholende (Wiederkehrende) des Systems C sei.

376. — Sofern überhaupt R_x Komplementärbedingung für alle (primären) Endbeschaffenheiten ist, welche

C bei Setzung von R_x setzen wird, so ist auch speciell die Beschaffenheit b_r das denkbar meist Sich-Wiederholende (Wiederkehrende) dieser Komplementärbedingung. Sofern nun aber auch das System C als Inbegriff der systematischen Vorbedingungen Mitbedingung für die bei Setzung von R_x gesetzte Endbeschaffenheit ist, ist die Beschaffenheit b_c das denkbar meist Sich-Wiederholende (Wiederkehrende) der systematischen Vorbedingungen, deren Gesamtheit C darstellt.

377. — Nun bilden C (als Inbegriff der systematischen Vorbedingungen) und R_x (als Komplementärbedingung) erst die Bedingungsgesamtheit (vgl. n. 55).

b_r und b_c machen somit auch **das denkbar meist Sich-Wiederholende (Wiederkehrende) der Bedingungsgesamtheit aus.**

378. — Die Endbeschaffenheitsform, welche C bei Setzung von R_x setzt, ist mithin als vom denkbar meist Sich-Wiederholenden (Wiederkehrenden) beider Klassen (des Umgebungsbestandteiles R_x und des Systems C als Inbegriff der systematischen Vorbedingungen) bedingt anzunehmen; aber es ist nicht auch sofort anzunehmen, dafs diese Endbeschaffenheitsform das vom denkbar meist Sich-Wiederholenden Bedingte **sämtlich** und **ausschliefslich** umfasse.

379. — Nicht *sämtlich;* denn die Endbeschaffenheitsform, welche das vom denkbar meist Sich-Wiederholenden beider Klassen Bedingte sämtlich umfafste, würde eine ganz bestimmte Systemänderung voraussetzen, für welche (nach n. 99) R_x zunächst nur als **denkbare** Komplementärbedingung beansprucht werden könnte. Daraus aber, dafs alle Komponenten, aus denen b_r bestehen mag, in jeder Setzung von R_x mitgesetzt sind, folgt noch nicht, dafs jede dieser Kom-

ponenten auch als **wirkliche Komplementärbedingung** für jene Systemänderung, bez. Endbeschaffenheitsform anzusprechen sein müfste; denn aus dem blofsen Gesetztsein einer Komponente läfst sich noch nicht folgern, dafs sie auch bereits unter solchen speciellen Bedingungen gesetzt sei, welche ihr die Bedeutung einer Änderungsbedingung für ein bestimmtes System C unter allen Umständen sichern.

380. — Nicht *ausschliefslich;* denn da, wie über die Setzung, so auch über die Zusammensetzung jeder Endbeschaffenheit die relativ gröfste Vorbereitung entscheiden mufs (vgl. n. 300 ff.), so ist jede zusammengesetzte Endbeschaffenheit durch diejenigen Änderungsformen bestimmt, welche die im Zeitpunkt der Setzung am meisten vorbereiteten sind. Es könnten also reine, vom denkbar meist Sich-Wiederholenden bedingte Endbeschaffenheiten nur angenommen werden, wenn keine anderen denkbaren Änderungsformen für das System C den Wert meist vorbereiteter besäfsen als diejenigen, welche, in ihrem Unterschied von den anderen Änderungsformen, lediglich von den denkbar meist sich wiederholenden Bestandteilen der zugehörigen Umgebungskombinationen bedingt werden.

381. — Da nun aber die Abhängigkeit von den denkbar meist sich wiederholenden Bestandteilen der Umgebungskombination nicht auch die **einzig denkbare** Vorbereitungsart des Systems C ist, so sind um so mehr Zumischungen, welche nicht vom denkbar meist Sich-Wiederholenden beider Klassen bedingt sind, vorauszusetzen: einerseits, je mehr andere Vorbereitungsarten in die Bestimmung der zu verwirklichenden Endbeschaffenheit miteingreifend vorausgesetzt werden, und andererseits, je geringer die **Zahl der übenden Fälle** angenommen wird.

II.

382. — Bezeichnen wir nun eine Endbeschaffenheit des Systems C, welche nicht ausschliefslich durch das vom denkbar meist Sich-Wiederholenden beider Klassen Bedingte zusammengesetzt ist, als **Idiosyndem**, so ist anzunehmen, dafs die durch eine eindeutig bestimmte Umgebungskombination R_x komplementär bedingten Endbeschaffenheiten — soweit das System C selbst in Betracht kommt — um so mehr dem Begriff des Idiosyndems entsprechen:

je mehr formelle Beschaffenheiten, welche den denkbar meist sich wiederholenden nicht zugehören, dem bestimmten System C (sei es infolge Vererbung irgendwelcher durch Vorfahren erworbener individueller Eigentümlichkeiten, sei es infolge eigener vor der Geburt erfolgten Erwerbung) angeboren sind;

je jünger (d. h. je weniger durch R_x gesetzten Änderungsbedingungen exponiert, dafür je zugänglicher jeder Art Änderungsbedingung überhaupt) das System C ist;

und je mehr der Gesellschaftskreis, dem das System C zugeordnet ist (Familie, Gemeinde, Stamm, Volk, Staat, Kirche), Änderungsformen, welche vom denkbar meist Sich-Wiederholenden nicht bedingt sind, überliefert erhalten hat und je nach der Innigkeit seiner eigenen Zusammengeschlossenheit weiter überliefert.

383. — Ist nach Mafsgabe dieser Voraussetzungen die **Einschaltung** von Änderungsformen, welche von dem denkbar meist Sich-Wiederholenden nicht bedingt sind, auch in eine solche Endbeschaffenheit vorauszusetzen, welche mit einem partialsystematischen Komoment Γ zusammenfällt; so ist wiederum die **Erhaltung** derselben in jener Endbeschaffenheit vorauszusetzen um so mehr, je begrenzter, bez. vermeidlicher, vorauszusetzen sind:

einerseits Fähigkeit und Zeit des Systems C zur Entwicklung in positiver Richtung (Zugehörigkeit zu einer nicht oder nicht mehr entwicklungsfähigen oder zu einer degenerierenden Rasse; individuelle Entwicklungsunfähigkeit infolge mangelnder Anlage oder eingetretenen Stillstandes, bez. eingeleiteter Entartung; Unterdrückung der Anlage durch ungünstige Lebensverhältnisse; früher Untergang etc.),

andererseits die Bedingungen der Erweiterung und Weiterentwicklung des von dem denkbar meist Sich-Wiederholenden Bedingten, und der Beschränkung und Rückentwicklung dessen, was nicht solcherart bedingt ist.

384. — Und umgekehrt wird die **Ausschaltung** des vom denkbar meist Sich-Wiederholenden Nicht-Bedingten aus einer Endbeschaffenheit vom Werte $\varGamma$ vorauszusetzen sein — um so mehr, je minder begrenzt, bez. je minder vermeidlich dem System C Fähigkeit und Zeit zur positiven Entwicklung überhaupt und sowohl die Bedingungen der Beschränkung und Rückentwicklung der nicht vom denkbar meist Sich-Wiederholenden bedingten Änderungsformen, als auch die Bedingungen der Erweiterung und Weiterentwicklung der solcherart bedingten zugestanden werden.

III.

385. — Nun sind aber die Bedingungen für die Erweiterung und Weiterentwicklung der vom denkbar meist Sich-Wiederholenden bedingten Komponenten eines

Idiosyndems, bez. für die Beschränkung und Rückbildung der nicht solcherart bedingten, für das System C vorausgesetzt:

A) in der Vermehrung der von einer Umgebungskombination abhängigen Komponenten überhaupt durch die fortschreitende Übung; und zwar speciell

1) in der zunehmenden formellen und funktionellen Differenzierung des Systems C (vgl. n. 73 u. 118);

2) in der zunehmenden Annäherung jeder denkbaren Endbeschaffenheit an die bestehenden Anfangsbeschaffenheiten des Systems C durch die wiederholte Setzung ihrer Bedingungen (vgl. n. 288 ff.);

B) in der Vermehrung der von den Vitalreihen abhängigen Annäherung an **mehr und mehr unveränderlich** setzbare Endbeschaffenheiten überhaupt; und zwar speciell:

1) in der zunehmenden positiven Komomentierung der vom Sich-Wiederholenden abhängigen Komponenten (vgl. n. 258 β);

2) in der zunehmenden negativen Komomentierung der von vermeidlichen Kombinationsbestandteilen abhängigen Komomenten-Variationen (vgl. n. 257);

3) in der zunehmenden positiven Komomentierung der von unvermeidlichen Kombinationsbestandteilen abhängigen Komomenten-Variationen (vgl. n. 256).

386. — Sofern nun zunächst jede Vitalreihe die Endbeschaffenheit Γ, welche innerhalb eines bestimmten Kombinationskreises (vgl. n. 312) entwickelt wurde, dadurch, dafs sie die Abweichungen als Variationen der Komomente entweder aufhebt oder unaufhebbare Abweichungen zu neuen Komomenten (mit der ursprünglichen Variation als hinzuerworbene integrirende Komponente) erhebt ($\Gamma + \varDelta \Gamma$ positiv komomentiert),

dem Werte einer Subkonstanten annähert (vgl. n. 325), tendiert die Entwicklung der, einer beliebigen Umgebungskombination in einem beliebigen Zeitpunkt zugehörigen einzelnen Subkonstanten und damit die einzelne Vitalreihe selbst zur Ausbildung und Konservierung der vom gleichmäfsiger Wiederkehrenden abhängigen Komponenten.

387. — Sofern alsdann durch Weiterübung sowohl die Vitalreihen als ihre einzelnen Glieder zu einer Beschränkung auf das Unentbehrliche tendieren; durch Erstellung von (relativ) neuen Multiponibeln mit beschränkteren Kombinationskreisen aber überall die Abweichungen auch das Entbehrlichere werden; so werden die Subkonstanten, welche das System C in Bezug auf dieselben Umgebungskombinationen im Laufe der Weiterübung entwickelt, wieder eine Reihe, also eine Subkonstanten-Reihe bilden: welche Subkonstanten-Reihe noch entschiedener als die einzelne Vitalreihe auf die Ausbildung und Konservierung der vom gleichmäfsiger Sich-Wiederholenden bedingten Komponenten tendiert.

388. — Gehen wir ferner von dem einzelnen Menschen als Individuum niedrerer Ordnung zu den menschlichen Gesellschaften als Individuen höherer Ordnung über, welche die einzelnen Individuen nicht nur überleben, sondern auch deren Errungenschaften zum Teil übernehmen und weiterführen, so erhalten wir Entwicklungsreihen höherer Dimension, als deren Glieder jene individuellen Subkonstanten-Reihen gedacht werden. Diese Subkonstanten-Reihen höherer Dimension werden um so mehr in noch verstärktem Mafse auf die Ausbildung und Konservierung der vom gleichmäfsiger Sich-Wiederholenden bedingten Komponenten

tendieren, je entwicklungsfähiger und beständiger die Gesellschaft ist — und zugleich je umfassender sie ist, so dafs sich die Endbeschaffenheitsunterschiede welche nicht auf den Umgebungsunterschieden, sondern auf Eigentümlichkeiten der Individuen niedrerer oder niedrigster Ordnung beruhen, sich als entgegengesetzte Abweichungen am Ort ihres Zusammentreffens nämlich in den einzelnen Systemen $C_1, C_2, \ldots C_n$ gegenseitig mehr und mehr negativ komomentieren.

389. — Da hiernach die Vermehrung der räumlichen und zeitlichen Entwicklungsbedingungen der Endbeschaffenheiten auch die Ausschaltung der vom denkbar meist Sich-Wiederholenden beider Klassen nicht-bedingten Komponenten vorauszusetzender Idiosyndeme vermehrt; so ergiebt sich, dafs die Endbeschaffenheiten vom Werte Γ, welche ein System C bei Setzung einer eindeutig bestimmten Umgebungskombination verwirklicht, um so mehr als ausschliefslich durch das denkbar meist Sich-Wiederholende bedingt anzunehmen sein werden: in einer je späteren Zukunft das Individuum geboren und je mehr für die Familie, in welche es hineingeboren wird, sich der nächste Gesellschaftskreis zur Menschheit und die nächste Umgebung zur Gesamtheit der Erdteile erweitert hat.

390. — Je mehr also die Bedingungen positiver Systementwicklung der Individuen, Generationen, Völker, der Menschheit überhaupt für jedes einzelne System über Zeit und Raum sich ausdehnend vorausgesetzt werden, desto mehr sind auch die Endbeschaffenheiten vom Werte Γ an das reine durch das vom denkbar meist Sich-Wiederholende Bedingte sich annähernd vorauszusetzen.

391. — Nehmen wir den Ausdruck „Funktion" in einem dem mathematischen angenäherten Sinne, so läfst sich das letztere Ergebnis kurz aussprechen wie folgt:

Die Annäherung der Endbeschaffenheiten vom Werte Γ an das reine durch das denkbar meist Sich-Wiederholende Bedingte ist als Funktion von Raum und Zeit vorauszusetzen.

DRITTES KAPITEL.
Die vollkommenen Konstanten des Systems C.

I.

392. — Nach dem Satz (vgl. n. 188), dafs das System C, wenn es überhaupt sich innerhalb gewisser Grenzen vollständig behauptend gedacht wird, solange sich ändern mufs, bis die Vitaldifferenz aufgehoben ist, folgte, dafs Endbeschaffenheiten, welche in die Vitalreihe höherer Ordnung vermöge ihrer Vorbereitung eingeführt werden, ohne die Vitaldifferenz höherer Ordnung aufzuheben (vgl. n. 224), auch die Vitalreihe nicht abschliefsen konnten — also in diesem Sinne (als Finaländerung) **unhaltbar** waren.

393. — Aus der Annahme aber, **dafs** in einem bestimmten Falle, wenn z. B. eine Wiederkehr der bereits mehrfach gesetzt gewesenen Umgebungskombination R_x als Bedingung der Vitalreihe höherer Ordnung gegeben war, diese solcherart gesetzte Vitalreihe für ein bestimmtes — wie wir hinzufügen wollen — in sprachlicher Gemeinschaft lebendes Individuum in einer bestimmten Zeit mit der Endbeschaffenheit Γ_ω

abschlofs; aus dieser Annahme folgt aber auch nur, dafs in jenem Zeitpunkt für jenes Individuum dieses Γ_ω die Vitaldifferenz höherer Ordnung aufhob.

394. — Es folgt aus dieser Annahme aber weder, dafs Γ_ω für dasselbe Individuum zu anderen Zeiten, noch auch, dafs Γ_ω für andere oder alle Individuen, mit welchen das erste in sprachlicher Gemeinschaft lebt, zu irgend einer Zeit oder gar zu allen Zeiten den Wert einer Finalendbeschaffenheit in Bezug auf eine durch R_x veranlafste Vitalreihe höherer Ordnung besitzen werde; dafs also immer und überall, wenn R_x als Bedingung einer Vitalreihe höherer Ordnung gegeben wird, auch Γ_ω als **Finalendbeschaffenheit** unveränderlich setzbar, somit von der denkbar gröfsten Setzbarkeit sei.

395. — Eine Endbeschaffenheit vom Werte Γ nun, welche in Bezug auf eine eindeutig bestimmte Umgebungskombination R_x für die denkbar gröfste Zahl von Fällen der Setzung von R_x und der durch R_x bedingten Vitalreihen (höherer Ordnung) der denkbar gröfsten Zahl durch sprachliche Mitteilung verbundener Individuen für die denkbar gröfste Zeitdauer als Finalendbeschaffenheit unveränderlich setzbar, also in Bezug auf R_x von der denkbar gröfsten Setzbarkeit gedacht wird, würde (im gleichen Sinne wie n. 373) als eine *vollkommene Konstante* des Systems C zu benennen sein.

II.

396. — Gesetzt, diese *vollkommene Konstante* in Bezug auf R_x sei Γ_k; so müfste Γ_k folgende Beschaffenheit haben:

1) Da (nach n. 57) die Form jeder Endbeschaffenheit des Systems C, also der formale Wert von $C + \varDelta C$ abhängen mufs einerseits von C als Inbegriff seiner formellen und funktionellen Anfangsbeschaffenheiten, andererseits von der formellen Beschaffenheit der Änderungsbedingung, infolge von deren Setzung C um $\varDelta C$ vermehrt wird, so darf $\varGamma_k$ — sofern seine zugehörige Endbeschaffenheitsform zugleich als partialsystematisches Komoment gedacht werden mufs — keine Partialformen in sich aufgenommen haben, welche auf **individuellen Systemunterschieden** beruhen; und zwar

    a) weder auf einem individuellen Unterschied desjenigen Systems C, welches im gegebenen Zeitpunkt um $\varDelta C$ vermehrt wird; noch auch

    b) eines anderen Systems C, dessen Änderungen für das eigene System vermöge der sprachlichen Verbindung zu einer weiteren Änderungsbedingung zu werden vermöchten.

    397. — Mithin:

Wenn eine Endbeschaffenheit $\varGamma_k$ als *vollkommene Konstante* für R_x gedacht werden soll, so müssen alle Formunterschiede von $\varGamma_k$, welche durch individuelle Abweichungen der Systeme $C_1, C_2, \ldots C_n$ voneinander bedingt sein könnten, als eliminiert und die Bestimmung der Form $\varGamma_k$ seitens des Systems C nur als auf die Abhängigkeit von dessen denkbar meist sich wiederholender Beschaffenheit b_c (vgl. n. 375) beschränkt angenommen werden.

    398. — 2) $\varGamma_k$ darf keine Partialformen in sich befassen, welche nicht ihre formale Bedingung in jeder denkbaren Setzung von R_x finden würden; d. h.

    a) **immer**, wenn das bestimmte R_x gesetzt ist,

müssen diejenigen R-Werte mitgesetzt sein, deren Bedingtes die Partialformen von $\varGamma_k$ sind — soweit sie überhaupt Bedingtes von R-Werten sind;

b) und zwar müssen sie in jedem denkbaren Fall nicht anders — nach Qualität und Quantität — gesetzt sein können, als sie in den bestimmten Fällen gesetzt sind.

399. — Mithin:

Wenn eine Endbeschaffenheit $\varGamma_k$ als *vollkommene Konstante* für R_x gedacht werden soll, so müssen alle Formunterschiede von $\varGamma_k$, welche durch individuelle Abweichung der Einzelfälle der R_x-Setzungen voneinander bedingt sein könnten, als eliminiert und $\varGamma_k$ als Gesamtheit nur aus solchen Partialformen zusammengesetzt sein, welche durch die Komponenten der denkbar meist sich wiederholenden Beschaffenheit b_r der zugeordneten Einzelfälle bedingt sind.

400. — Aber auch in ihrem Bedingtsein von dem denkbar meist Sich-Wiederholenden der zugehörigen Umgebungskombination R_x wird eine Endbeschaffenheit $\varGamma_k$ doch nur dann die denkbar größte Unveränderlichkeit ihrer Setzbarkeit zugeschrieben erhalten können, wenn sie zugleich diesem denkbar meist Sich-Wiederholenden auf das denkbar Vollständigste, Genaueste und Einfachste entspricht.

401. — Das Gesagte läfst sich zusammenziehen und verallgemeinern in folgenden Satz:

Wenn eine Endbeschaffenheit vom Werte $\varGamma$ als *vollkommene Konstante* für eine eindeutig bestimmte Umgebungskombination gedacht werden soll, so mufs sie ausschließlich dem denkbar meist Sich-Wiederholenden beider Bedingungsklassen, diesem aber auf das denkbar Vollständigste, Genaueste und Einfachste entsprechend gedacht werden.

402. — Nun ist (nach n. 391) die Annäherung der Endbeschaffenheiten vom Werte Γ an das reine durch das denkbar meist Sich-Wiederholende Bedingte als Funktion von Raum und Zeit vorauszusetzen; die Bedingung aber für die denkbar gröfste Setzbarkeit einer Endbeschaffenheit vom Werte Γ ist, dafs dieselbe rein (ausschliefslich) vom denkbar meist Sich-Wiederholenden bedingt sei.

403. — Da nun aber die Übung — nach Mafsgabe der räumlichen und zeitlichen Zunahme der übenden R-Werte — auch die Vervollständigung, Präcision und (durch die Ausschaltung des Entbehrlichen) die Vereinfachung der Endbeschaffenheiten vermehrt (vgl. n. 385 ff.), so folgt:

Die Annäherung an die Bedingung für die denkbar gröfste Setzbarkeit einer Endbeschaffenheit vom Werte Γ ist als Funktion von Raum und Zeit vorauszusetzen.

404. — Oder (gemäfs n. 395) kürzer:

Die Annäherung der Endbeschaffenheiten vom Werte Γ an *vollkommene Konstanten* ist als Funktion von Raum und Zeit vorauszusetzen.

III.

405. — Wir haben in dem Resultat unserer letzten Analyse nur eine Entwicklung desjenigen einer früheren, nämlich wo die Wiederkehr der Setzungsbedingungen die Wiederkehr der Setzbarkeit (die Multiponibilität) bedingte (vgl. n. 310 ff.). — Die denkbar gröfste Setzbarkeit ist gleichbedeutend mit der denkbar

gröfsten zeitlichen und räumlichen Unbegrenztheit und Unvermeidlichkeit der Setzbarkeit einer Endbeschaffenheit vom Werte Γ als Bedingtes: und diese ist Funktion von Raum und Zeit, d. h. aber (nach den Ausführungen von n. 388 ff.) bedingt durch die denkbar gröfste zeitliche und räumliche Unbegrenztheit und Unvermeidlichkeit ihrer Setzungsbedingungen.

406. — Nennen wir endlich eine Vitalreihe, welche mit einer *vollkommenen Vermittelung* (n. 373) als Medialänderung und mit einer *vollkommenen Konstanten* als Finaländerung versehen ist, eine *vollkommene Reihe*, so ergiebt sich als Gesamtresultat dieses Abschnitts der Satz:

Die Entwicklung des Systems C variiert die Vitalreihe im Sinne einer Annäherung an *vollkommene Reihen*.

ACHTER ABSCHNITT.
Die Variation der unabhängigen Multiponibeln denkbar höchster Ordnung durch die Weiterentwicklung des Systems C.

ERSTES KAPITEL.
Die Annäherung der Multiponibeln denkbar höchster Ordnung an eine vollkommene Konstante.

I.

407. — Wir wenden uns nun zu dem Specialfall einer Endbeschaffenheit überhaupt, welche als komplementär Bedingtes nicht bei Setzung dieses oder jenes Umgebungsbestandteiles, sondern jedes beliebigen Umgebungsbestandteiles setzbar, also als Multiponible denkbar höchster Ordnung gedacht wird. Der Kürze wegen bezeichnen wir diese Multiponible denkbar höchster Ordnung mit dem Symbol Γ_y.

408. — Je mehr anzunehmen bleibt, daſs sich ein bestimmtes System C unter *individuellen* Verhältnissen entwickelt habe; desto mehr ist auch die Setzbarkeit der jenem System zu einer bestimmten Zeit zugehörigen Multiponibeln Γ_y in Bezug auf solche Systeme, welche unter anderen Verhältnissen der Abstammung

und des Gesellschaftskreises entwickelt wurden, als eine begrenzte, bez. vermeidliche anzunehmen.

Soll nun die Begrenztheit und Vermeidlichkeit der Setzbarkeit historisch entwickelter individueller Multiponibeln $\Gamma_y^{(1)}, \Gamma_y^{(2)}, \ldots \Gamma_y^{(n)}$ vermindert werden, so mufs deren Beschaffenheit gleichfalls derjenigen einer unabhängigen vollkommenen Konstanten angenähert werden.

II.

409. — Unter der Voraussetzung, dafs das denkbar meist Sich-Wiederholende sowohl der gesamten Umgebungsbestandteile, wie der gesamten Systeme C, solange als Menschen in sprachlicher Gemeinschaft auf der Erde angenommen werden, gleichfalls anzunehmen sei, läfst sich auch die denkbare Annäherung der Multiponibeln Γ_y an eine *vollkommene Konstante* für unsere Zwecke zunächst genügend näher bestimmen, bez. deren Bestimmung sehr vereinfachen.

Gehen wir nämlich aus von der Voraussetzung denkbar meist sich wiederholender Beschaffenheiten in den Systemen C und in den Umgebungsbestandteilen, so haben wir beide Beschaffenheiten als unveränderlich zu denken, weil ihre positive oder negative Vermehrung der Voraussetzung widersprechen würde.

410. — Da nach dieser Voraussetzung das denkbar meist Sich-Wiederholende des Systems C immer und überall, wo C vorauszusetzen, und ebenso immer und überall das denkbar meist Sich-Wiederholende der Umgebungsbestandteile, sofern sie überhaupt Änderungsbedingung für C sind, auch als Änderungsbedin-

gung für C vorausgesetzt ist; so ist auch immer und überall, wo das System R (vgl. n. 42) und das System C zusammen vorausgesetzt werden, eine Änderungsform von C, welche von dem denkbar meist Sich-Wiederholenden beider Klassen bedingt und in Bezug auf die denkbar gröfste Umgebung — nämlich das System R selbst — von der denkbar gröfsten Setzbarkeit ist, vorauszusetzen.

411. — Aber auch von der denkbar gröfsten Unveränderlichkeit; weil sie die Bedingungen ihrer Setzung immer und überall absolut gleichmäfsig gegeben findet, also weder eine Vermehrung der zeitlichen oder räumlichen Änderungsbedingungen irgend welcher Art die Übungsformen vermehren könnte.

412. — Ist nun auch dieser solcherart bedingten Änderungsform des Systems C die denkbar gröfste zeitliche und räumliche Unbegrenztheit und Unvermeidlichkeit ihrer Setzbarkeit zuzuschreiben, so ist doch damit nicht sofort auch die Ausschliefslichkeit ihrer Setzung unbegrenzt und unvermeidlich vorauszusetzen; vielmehr bleibt zunächst vorauszusetzen, dafs sie (vgl. n. 378) nur eine Partialform einer zusammengesetzteren Änderungsform, welche C innerhalb der menschheitlichen Entwicklung verwirklicht, sein werde: und dafs mithin auch die ihr zugehörige Endbeschaffenheit nur eine konstante Komponente aller Multiponibeln der Art Γ_y sein, aber nicht diese Multiponible selbst allein und lediglich ausmachen werde.

413. — Das heifst: Die historisch entwickelten individuellen Multiponibeln $\Gamma_y^{(1)}$, $\Gamma_y^{(2)}$, ... $\Gamma_y^{(n)}$ sind zunächst als Idiosyndeme (vgl. n. 382) vorauszusetzen, welche die auf dem denkbar meist Sich-Wiederholenden beider Klassen beruhende Endbeschaffenheit neben an-

deren enthalten, die nicht von dem denkbar meist Sich-Wiederholenden beider Klassen bedingt sind.

III.

414. — Bezeichnen wir diese konstante Komponente jeder Multiponibeln Γ_y mit a, diejenigen Komponenten dagegen, welche als nicht vom denkbar meist Sich-Wiederholenden beider Klassen bedingte vorauszusetzen sind, mit α, und endlich diejenige Bestimmung der Multiponibeln Γ_y, welche von beider Art Komponenten abhängt, nämlich ihre Zusammensetzung selbst zu Idiosyndemen, mit y; so ist der analytische Ausdruck für die historisch entwickelte individuelle Multiponible denkbar höchster Ordnung überhaupt:

$$y = f(a, \alpha).$$

Diese Formel möchte genügen, wo es sich nur um den analytischen Ausdruck für die individuelle Multiponible denkbar höchster Ordnung überhaupt handelt. Betreffs der genaueren Formel, welche auf die specifischen Beschaffenheiten des von dem denkbar meist Sich-Wiederholenden Nicht-Bedingten und auf die entsprechenden Fälle der Bestimmung dieser Multiponibeln als Idiosyndeme Rücksicht zu nehmen hätte, vgl. Drobisch's Darstellung des „gemeinsamen Gesetzes" einer „Reihe gleichartiger Subjekte", bez. der „successiven Eigenschaften eines und desselben sich verändernden Subjekts"[8]).

415. — Da nun aber (durch unsere Voraussetzung) die Veränderlichkeit von a ausgeschlossen gedacht ist, so kann jede Annäherung der Multiponibeln Γ_y an eine *vollkommene Konstante* nur als Verminderung von α gedacht werden.

416. — Und da nun endlich die Verminderung der Begrenztheit und Vermeidlichkeit der Setzbarkeit historisch entwickelter Multiponibeln $\Gamma_y^{(1)}, \Gamma_y^{(2)}, \ldots \Gamma_y^{(n)}$ bedingt ist durch die Annäherung an die *vollkommene*

Konstante, diese Annäherung aber bedingt ist durch die Verminderung von α, so folgt:

Soll die Begrenztheit und Vermeidlichkeit der Setzbarkeit historisch entwickelter Multiponibeln $\Gamma_y^{(1)}$, $\Gamma_y^{(2)}$, ... $\Gamma_y^{(n)}$ vermindert werden, so muſs deren Wert α vermindert werden.

IV.

7. — Alle denkbaren, durch die α-Werte differierenden Multiponibeln $\Gamma_y^{(1)}$, $\Gamma_y^{(2)}$, ... $\Gamma_y^{(n)}$ lassen sich nach ihren abnehmenden α-Werten in eine **erste Reihe** geordnet denken, deren erstes Glied mithin durch den Maximalwert von α, deren letztes durch den Minimalwert von α gebildet wird.

418. — Ferner können wir alle im Laufe der menschheitlichen Entwicklung bereits historisch vorausgesetzten Multiponibeln $\Gamma_y^{(1)}$, $\Gamma_y^{(2)}$, ... $\Gamma_y^{(n)}$ als verschiedene Änderungsformen jeweilig gesetzter Werte nach ihrer zeitlichen Aufeinanderfolge in eine **zweite Reihe** geordnet denken.

419. — Und endlich können wir eine **dritte Reihe** denken, wenn wir aus der zweiten diejenigen Glieder, welche mit Gliedern der ersten Reihe zusammenfallen, in derselben Ordnung zusammenstellen, wie die erste Reihe sie vorschreibt.

420. — Nun kann (nach n. 415) die Annäherung an die *vollkommene Konstante* nur als Verminderung von α gedacht werden, die Verminderung von α bestimmt aber die Richtung der ersten Reihe; es kann mithin eine weitere Änderung historisch gegebener Multiponibeln von der Art Γ_y nur dann auch als Annäherung an die *vollkommene Konstante* gedacht werden,

wenn sie mit der Richtung der ersten Reihe zusammenfällt.

421. — Da nun aber die erste und dritte Reihe zwar nicht die Zahl der Glieder, wohl aber die Richtung gemeinsam haben, so folgt:

Jede historisch verwirklichte oder noch zu verwirklichende Änderung einer historisch vorausgesetzten Multiponibeln denkbar höchster Ordnung $\Gamma_y^{(x)}$, mithin jede Vermehrung der zweiten Reihe, welche nicht zugleich die dritte Reihe fortsetzt, nähert auch nicht die historisch vorausgesetzte Multiponible $\Gamma_y^{(x)}$ der *vollkommenen Konstante* an.

ZWEITES KAPITEL.

Anwendung auf die Vitalreihe höherer Ordnung.

I.

422. — Von allen denkbaren Fällen, welche eine Vermehrung der Reihe historisch entwickelter Multiponibeln $\Gamma_y^{(1)}$, $\Gamma_y^{(2)}$, ... $\Gamma_y^{(n)}$ ergeben möchten, würde für unsere Untersuchung allein derjenige in Betracht kommen, in welchem eine (relativ) neue Multiponible dieser Art infolge Setzung einer Vitaldifferenz höherer Ordnung und mit der Funktion von deren Aufhebung eingeführt wird. — Wir haben also noch die Anwendung der letztgewonnenen Sätze auf den speciellen Fall zu machen, daſs die Multiponibeln von der Art Γ_y beliebigen Vitalreihen angehören und an deren Weiterentwicklung gebunden sind.

Wir können nämlich die Voraussetzung machen, daſs die Endbeschaffenheit, welche die Initialänderung einer Vitalreihe (höherer Ordnung) zugehört, in einem Specialfalle zugleich eine Multiponible der Art $\varGamma_y'$ sei; dann die weitere Voraussetzung festhalten, dafs sich das System C unter der somit gesetzten Verminderung seines vitalen Erhaltungswertes vollständig behaupte; und endlich den Fall noch dahin bestimmen, dafs die Endbeschaffenheit, welche der Finaländerung (höherer Ordnung) zugehört, wieder die Bedeutung einer Multiponibeln der Art $\varGamma_y$ besitze.

Wir können diese Voraussetzung kurz auch so ausdrücken: **es sei dem System C die Aufgabe gestellt, eine Vitalreihe (höherer Ordnung), in welche eine Multiponible der Art $\varGamma_y$ eingeführt ist, durch eine Multiponible derselben Art abzuschliefsen.**

423. — Diese Aufgabe kann zunächst ganz allgemein gestellt sein, dafs das System C überhaupt nur zu einer Endbeschaffenheit gelange, welche die Vitalreihe (höherer Ordnung) abschliefse, und welche auch für das individuelle System C die Bedeutung einer Multiponibeln $\varGamma_y'$ besitze, ohne dafs eine eventuelle Vermehrung oder Verminderung der Begrenztheit und Vermeidlichkeit ihrer Setzbarkeit irgendwie in Betracht käme: Aufgabe erster Ordnung.

Man kann aber auch die Aufgabe dahin verengen, dafs die der Finaländerung zugehörige Endbeschaffenheit, welche die Vitalreihe **individuell** abzuschliefsen vermag, zugleich eine Multiponible $\varGamma_y'$ von **verminderter** Begrenztheit und Vermeidlichkeit ihrer Setzbarkeit **überhaupt** sei: Aufgabe zweiter Ordnung.

Und endlich kann man die gestellte Aufgabe solcherart zuspitzen, dafs die betreffende Endbeschaffenheit von der **denkbar gröfsten Unbegrenztheit** und Unvermeidlichkeit der Setzbarkeit sei: Aufgabe dritter Ordnung.

II.

424. — Da nun aber jede Vitalreihe, welche von einer historisch entwickelten Multiponibeln $\Gamma_y^{(x)}$ entspringt, eine Änderung derselben voraussetzt, so mufs — unter unseren Voraussetzungen — entweder a oder α geändert gedacht werden. Aber nicht a, da dies (nach n. 414) als unveränderlich angenommen wurde; mithin α.

425. — Hieraus folgt:
1) Die Lösung der Aufgabe erster Ordnung ist nur denkbar als Setzung einer Multiponiblen Γ_y, welche zugleich die gedachte Änderung von α überhaupt aufhebt;
2) die Lösung der Aufgabe zweiter Ordnung ist nur denkbar als Setzung einer Multiponiblen Γ_y, welche zugleich die gedachte Änderung von α durch gleichzeitige Verminderung von α überhaupt aufhebt;
3) die Lösung der Aufgabe dritter Ordnung ist nur denkbar als Setzung einer Multiponiblen Γ_y, welche zugleich die gedachte, sowie die denkbaren Änderungen überhaupt von α durch Aufhebung von α aufhebt.

426. — Zur Lösung der Aufgabe erster Ordnung sind beliebig viele und mannigfaltige Endbeschaffenheiten denkbar, da jede beliebige Änderung, welche (gemäfs n. 299) im Sinne und Umfang der Vorbereitung des Systems C ist, als Finaländerung setzbar gedacht werden kann, sofern nur die ihr zugehörige Endbeschaffenheit, ihrer Form nach, zur Zeit ihrer Setzung

den formalen Bedingungen der Vitaldifferenz-Aufhebung für das Individuum entspricht.

427. — Etwas komplizierter sind schon die Bedingungen für die Lösung der Aufgabe zweiter Ordnung, da es sich nicht nur darum handelt, eine Reduktion der Abweichung (von dem partialsystematischen Komoment) auf Null, sondern auch eine Ausschaltung von irgendwelchen α-Werten zu verwirklichen; aber auch hier bleibt dem System C noch ein weiter Spielraum individueller Denkbarkeiten.

428. — Dagegen läfst die Aufgabe dritter Ordnung nur eine Lösung zu. Die Reduktion der Abweichung (von dem partialsystematischen Komoment) auf den Wert Null mufs zusammengehen mit der Reduktion des Wertes α auf Null; es ist aber nur eine Multiponible Γ_y denkbar, deren Wert α den Wert Null besäfse: nämlich eine Multiponible Γ_y rein vom Werte a. Da nun aber eine Multiponible Γ_y rein vom Werte a, oder mit andern Worten die denkbar reinste Multiponible Γ_y die Konstante a ist, so kann mithin **die Aufgabe dritter Ordnung nur gelöst werden durch die Setzung einer Finaländerung rein von der Änderungsform der Konstante a.**

429. — Da nun endlich *Annäherung an die vollkommene Konstante* (nach n. 415) nur denkbar ist als *Verminderung von* α, die Verminderung von α aber ihre äufserste Grenze erreicht mit dem Minimum von α, d. h. mit einem Werte von $\alpha = 0$, und das heifst: mit der reinen Konstante a; so ist jede Annäherung an die *vollkommene Konstante* eine Annäherung an die reine Konstante a. Oder mit andern Worten:

Für den Fall, dafs die Multiponible Γ_y zugleich

als *vollkommene Konstante* gedacht werden soll, ist die reine Konstante a als die *vollkommene Konstante* für die Multiponible Γ_y' zu denken.

III.

430. — Da wohl die Endbeschaffenheit von dem Werte a, nicht aber ihre isolierte Setzung anzunehmen ist, so muſs alles, was die Reduktion von a auf Null bedingt, auch die isolierte Setzung von a vorbereiten; d. h. die denkbare Annäherung der Multiponiblen Γ_y an die *vollkommene Konstante a* verwirklichen.

431. — Nun sind aber die generellen Bedingungen für die Reduktion von a auf Null vollständig in der negativen Komomentierung der minder gleichmäſsig geübten Formen und die speciellen Bedingungen mithin um so mehr vorausgesetzt:

einerseits je mehr sich gegenseitig ausschlieſsende und somit negativ komomentierende a-Werte dem System C zugeführt werden;

und andererseits je mehr sich und für je mehr Specialfälle von Umgebungsbestandteilen, sofern deren Setzung Vitalreihen einleitet, auch *vollkommene Konstanten* herausbilden, welche für die eventuellen Vitalreihen besondere und besonders gut fungierende („wirksame") Finaländerungen abgeben, so daſs die Finalfunktionen individuell bestimmter Endbeschaffenheiten überhaupt entbehrlich und mithin funktionell eliminiert werden.

Beide specielle Bedingungen für unsern Specialfall werden aber erfüllt durch die Entwicklung *vollkommener Konstanten* überhaupt (n. 404).

432. — Und das heiſst:

Je mehr sich die ursprünglich begrenzte Umgebung des menschlichen Individuums zur Gesamtheit der Erdteile, die differenten menschlichen Individuen verschiedener Ordnung zu einem menschlichen Individuum denkbar höchster Ordnung, nämlich zur Menschheit, und die Zeit positiver Entwicklung zur denkbar gröfsten Zeit, nämlich zu der Gesamtzeit menschlicher positiver Entwicklung überhaupt, erweitert —

um so mehr nähert die allgemeine Entwicklung in positiver Richtung die Multiponible Γ_y der reinen Konstante a und das menschliche Individuum, für welches dieselbe jede Setzung von Vitalreihen, die aus dem Idiosyndem $y = f(a, \alpha)$ ableitbar sind, überhaupt aufhebt, der Menschheit an.

Wir bezeichnen den Inhalt von n. 432 als den Satz der progressiven Elimination.

433. — Wenn man die Voraussetzung der Konstante a in den historisch entwickelten Multiponiblen $\Gamma_y^{(1)}, \Gamma_y^{(2)}, \ldots \Gamma_y^{(n)}$ nicht zulassen wollte, so würde damit nur die Vereinfachung in den Bedingungen der Annäherung an die *vollkommene Konstante* verloren gehen — die Vereinfachung nämlich, dafs das vom denkbar meist Sich-Wiederholenden beider Klassen Bedingte in dem Specialfalle der Multiponiblen Γ_y schon überall mitgesetzt sei und daher die Bedingungen seiner — noch zu leistenden — Herstellung nicht erst zu erfüllen habe. Da aber auch diese letzteren Bedingungen in den allgemeinen Bedingungen der Annäherung an *vollkommene Konstanten* überhaupt mitenthalten sind, so bleibt das Resultat dasselbe:

Eine Multiponible Γ_y, welche zugleich als *vollkommene Konstante* gedacht werden soll, ist als das vom denkbar meist Sich-Wiederholenden aller

Umgebungsbestandteile und aller Systeme C Bedingte zu denken und die Annäherung historisch entwickelter Multiponibeln $\varGamma_y^{(1)}$, $\varGamma_y^{(2)}$, ... $\varGamma_y^{(n)}$ an diese *vollkommene Konstante* als Funktion von Raum und Zeit vorauszusetzen.

Da die Unvermeidlichkeit dieser Entwicklung aus der Unvermeidlichkeit ihrer *inneren* Bedingungen folgt, so lassen sich alle Momente, welche die Richtung der zweiten Reihe (n. 418) von derjenigen der ersten (n. 417), oder allgemeiner: die Richtung der Weiterbildungen von der Richtung auf die *vollkommene Konstante* zeitweise ablenken, von einem höheren Gesichtspunkte aus als blofse *äufsere* Änderungsbedingungen und die Ablenkungen als blofse *Entwicklungsstörungen* bezeichnen.

434. — Mit der Untersuchung der Multiponibeln denkbar höchster Ordnung mag die Analyse unserer Umgebung und der Änderungen ihrer für uns wichtigsten Bestandteile, nämlich der Änderungsbedingungen von der Gattung R und der veränderlichen Systeme von der Art C, beendet sein.

Wir haben diese Analyse unternommen, um eine Antwort auf die Frage zu finden: in welchem Sinn und Umfang überhaupt Bestandteile unserer Umgebung als Voraussetzung der Erfahrung angenommen werden können (n. 40).

Da die Erfahrung, so wie sie in der gestellten Frage gedacht ist, zu den Abhängigen derjenigen Änderungen gehören würde, zu welchen bestimmte Bestandteile der Umgebung die Voraussetzung bilden (vgl. n. 1), so ergiebt für uns sich wenigstens das allgemeine Resultat, dafs, wenn überhaupt ein R-Wert als Änderungsbedingung für ein menschliches Individuum und also für C angenommen und wenn überhaupt sodann als unter den von $C + \varDelta C$ abhängigen E-Werten befindlich eine Erfahrung ausgesagt wird, jener R-Wert zu der Erfahrung in keinem anderen Bedingungsverhältnis stehen kann, als er zu $C + \varDelta C$ steht (vgl. n. 91).

435. — Das heißt:

Werden überhaupt Umgebungsbestandteile $R_1, R_2, \ldots R_n$ als Voraussetzung ausgesagter Erfahrung gedacht, so können sie als solche angenommen werden nur in dem Sinne von Komplementärbedingungen für die Endbeschaffenheiten des Systems C, und zwar nur, sofern von diesen Endbeschaffenheiten zugleich aussagbare E-Werte abhängig gedacht werden können; in diesem Falle aber für die gesamten Endbeschaffenheitsbestimmungen.

ANMERKUNGEN.

1. (S. 35, n. 68.) Eine Reihe solcher und verwandter Fälle giebt W. GRIESINGER in seiner „Pathologie und Therapie der psychischen Krankheiten"³, Braunschweig 1871, S. 88, Anm. Nur ein Fall mag hier reproduziert werden, welchen ESQUIROL berichtet hat: „Im J. 1816 war in der Salpetrière eine 38jährige Jüdin, die von Manie befallen und blind war. Nichsdestoweniger sah sie die fremdartigsten Dinge. Sie starb plötzlich; ich fand bei der Sektion die Nervi optici in ihrem ganzen Verlaufe atrophisch".

2. (S. 39, n. 78.) Die Physiologie gebraucht die Ausdrücke „sensibel", „sensuell" und „sensorisch" ohne genügende Unterscheidung; im Texte differenzieren wir die Bedeutung im Sinne unserer Aufgabe.

3. (S. 46, n. 95.) Da es sich hier um keinerlei „psychophysische" Messungen handelt, so lassen wir der Einfachheit wegen jegliche sog. „Reaktionszeit" aufser Betracht.

4. (S. 54, n. 118.) Vgl. W. WUNDT, Grundzüge der physiologischen Psychologie³, Band I, Leipzig 1887, S. 224 f., 241 f. und namentlich 331 ff.

5. (S. 71, n. 158.) Die Voraussetzungen, welche sich in den Satz von n. 158 zusammenschliefsen, sind wissenschaftliches Gemeingut. Hier genüge zu erinnern: Nicht nur, dafs Überarbeitung die centralen Partialsysteme pathologisch verändert, dieselben gehen auch in ihrer Ernährung, d. h. in ihrer Erhaltung zurück, wenn sie aufser Thätigkeit gestellt, also in Arbeitsmangel versetzt sind — eine ganz allgemeine Beobachtung, welche sogar zur experimentellen Ermittelung des centralen Verlaufs der Nervenbahnen verwendet wird (GUDDEN'sche Methode). Dagegen ergiebt der anatomische Befund bei Manie hauptsächlich Hyperämie, also ein Zuviel an Ernährung. Und endlich hebt z. B. Verstopfung der Hirngefäfse — also ein Zuwenig der Ernährung — die Erhaltung des zugehörigen Gebietes auf.

6. (S. 121, n. 262.) Vgl. WUNDT, am oben citirten Ort, Bd. II³, S. 408.

7. (S. 151, n. 327.) Die vorhergehenden Sätze über die Vitalreihe stellen an den Leser die vielleicht *befremdende* Forderung, die Änderungen des Menschen, durch welche er sich innerhalb einer nicht-idealen Umgebung (vgl. n. 133 ff. und n. 187) erhält, erst einmal ohne Hinzuziehung der weiteren Annahme eines „Bewufstseins" zu denken. Es würde vielleicht meine Aufgabe sein, die u n a b h ä n g i g e Vitalreihe selbst, welche nicht bereits in demselben Sinn und Mafs allgemein *gekannt* ist, wie etwa die präparatorischen Änderungen, der Einflufs der mangelnden Arbeit oder der mangelnden Ernährung auf die nervösen Gebilde u. a. m., durch irgend welche Fälle zu erläutern. Aber ehe das meinerseits geschehen könnte, hätte ich den Leser darauf aufmerksam zu machen, was eben hiermit auch von ihm selbst erwartet werden müsse und was allein er von mir dabei erwarten dürfe.

In letzterer Hinsicht möge er vor allem nicht von mir den Nachweis verlangen, dafs gewisse Änderungen eines Individuums wirklich „ohne Bewufstsein" *geschähen.* Dieser „Nachweis" ist ebenso unmöglich wie es derjenige des Gegenteils sein würde; er ist aber auch gänzlich unnötig: denn es kann sich nur darum handeln, wie geschehend wir jene Änderungen *denken* k ö n n e n. Die Zurückhaltung, die hier vom Leser erbeten wird, ist also nur eine methodologische; sie kann gewährt werden völlig unbeschadet der systematischen Frage: ob *in Wahrheit* ein „Bewufstsein" zugleich anzunehmen sei oder nicht.

Wie wir aber *gelernt* haben, den „Wunderbau" der pflanzlichen und tierischen Organismen, ihr Werden und Wachsen, ihre Färbung, ihre Ernährung (in dieser Hinsicht mag beiläufig noch im besonderen daran erinnert werden, dafs der tierische Organismus sich innerhalb gewisser Grenzen mit jedem Kostmafs ins Gleichgewicht zu setzen vermag und dafs bei Warmblütern das Nervensystem eine Erhöhung des Stoffumsatzes je nach Erniedrigung der äufsern Temperatur vermittelt [vgl. L. HERMANN, Lehrbuch der Physiologie⁸, Berlin 1886. S. 204 ff.]) — ich sage, wie wir *gelernt* haben, die Ernährung der Organismen, ferner ihre Heilung nach Verletzungen, ihre Genesung nach Erkrankungen, ihre Anpassung mit Umgebungsänderungen u. s. w. ohne „Mitwirkung" „eines G e i s t e s" überhaupt oder „des Geistes" speciell denken zu *können,* so gilt es auch, die Befähigung zu erwerben, die sog. „zweckmäfsigen" Änderungen und Änderungs-änderungen des Systems C denken zu *können*, ohne sofort einen „Geist" zur *Erklärung* herbeizurufen, zumal dessen „psychische Zustandsänderungen" doch erst selbst noch zu *erklären* sein würden.

Die Forderung, die sog. „zweckmäfsigen" Bewegungen der Glieder, die Veränderungen des Gesichtsausdrucks, das Sprechen u. s. w. rein nur aus Änderungen eines nervösen Centralorgans erfolgend zu denken, wird in der That nur Denjenigen zu erfüllen schwer fallen oder auch ganz unmöglich sein, welche allzu einseitig gewöhnt sind, diese Bewegungen von einem „Geist" oder einem „Bewufstsein" geleitet zu denken. Aus diesem Grunde mögen nun zur Erläuterung der unabhängigen Vitalreihe fürs erste nur solche Änderungsreihen gewählt werden, deren Anordnung und Ablauf als ohne Eingreifen eines „Bewufstseins" erfolgend zu denken, die Mehrzahl der Leser bereits geübt sein dürfte. Es wird dann nicht schwer fallen, die vorgeführten Verhältnisse, wenngleich sie direkt weder den Menschen überhaupt noch auch nur speciell das Gehirn betreffen, doch auf das menschliche System C zu übertragen; und es wird das umsomehr ohne Schwierigkeit geschehen können, als jenes System C absichtlich gegen das Rückenmark nicht abgegrenzt wurde. Ob die anzuführenden Änderungen desjenigen niederen Systemes nervöser Formelemente, welches als Rückenmark (bez. incl. medulla oblongata) bezeichnet wird, aber schliefslich doch mit „sensorischen Funktionen" zusammenhängen oder nicht, ist für unsern Zweck vollständig irrelevant; so angenommen: diese Bewegungen erfolgten *mit* „Bewufstsein", so beweist das noch nicht, dafs sie *aus* „Bewufstsein" erfolgten; und angenommen selbst: sie erfolgten *aus* „Bewufstsein", so würde es, meine ich, im Sinne derjenigen Physiologen, welche an die „sensorischen Funktionen des Rückenmarks" etwa noch glauben, doch wohl sein, dafs den „Bewufstseinsänderungen", von denen die Bewegungen Enthaupteter abhängen sollen, in jedem Fall Änderungen des *materiellen Substrates* entsprechen: so gut aber, wie man gelegentlich auf die „Bewufstseinsänderungen" reflektieren kann unter Absehung von Änderungen des „materiellen Substrates", mufs man auch einmal auf die Änderungen dieses sog. „materiellen Substrates" reflektieren können unter Absehung von eventuellen „psychischen Begleitern".

Für diejenigen Psychologen sodann, welche zwar geübt sind, die „Bewufstseinserscheinungen" nach *mechanischen Principien* zu begreifen, aber Anstand nehmen, auch kompliziertere „zweckmäfsige" Änderungsreihen des Systems C in der gleichen Weise *begreiflich* zu finden, für diese Psychologen bemerke ich, dafs es für die „Wirksamkeit" der *mechanischen Principien* vollständig irrelevant sein mufs, ob das Veränderliche ein „nervöses Formelement" oder eine „bewufste Vorstellung" sei, da es eben gar nicht auf das Veränderliche, sondern nur auf die Veränderungen bei Anwendung der *mechanischen* Betrachtungsweise ankommen kann.

Die Änderungsreihen, welche ich hier zur Illustration vorlegen werde, sind altbekannt und allbekannt — wenigstens den Physiologen; immerhin sollen sie hier ausführlich citiert werden, damit sie gerade jetzt, wo wir ihrer bedürfen, auch wirklich zur Hand sind. Ich entlehne die Fälle, wenn anders nicht die Quelle besonders angemerkt ist, Ed. Pflüger, der sie in seiner interessanten Monographie: „**Die sensorischen Funktionen des Rückenmarks der Wirbelthiere**" (Berlin 1853) gesammelt hat; seither sind die betreffenden Experimente ein Gemeingut wohl aller physiologischen Vorlesungen geworden. — Über des Verfassers These, die der Titel bereits ausspricht, zustimmend oder ablehnend mich zu äufsern, habe ich hier keine Veranlassung. Im übrigen sei nur bemerkt: Wer in seinem Denken vom „Bewufstsein" des Hirns ausgeht, kann es ebensowohl „*willkürlich*" finden, es nicht auch dem Rückenmark „zuzuschreiben", als er den Vertretern des ausschliefslichen „Hirnbewufstseins" erwidern kann, dafs, wenn sie „zufällig" das „Nicht-Bewufstsein" des Rückenmarks zum *feststehenden* Ausgangspunkt ihres Denkens gehabt hätten, sie nur durch einen Akt wiederum der „*Willkür*" dazu gelangen könnten, mit einemmal dem „Hirn" „Bewufstsein" „unterzuschieben". Denn jede — auch jede logische — Abgrenzung der mit „Bewufstsein" begabten Partieen des grofsen nervösen Gesamtorganes innerhalb der Wirbelsäule und der transformierten obersten Wirbel, des Schädels, gegen die mit „Bewufstsein" nicht-begabten oder, in umgekehrter Richtung, der mit „Bewufstsein" nicht-begabten gegen die mit „Bewufstsein" begabten Teile wird immer mit einer gewissen „*Willkür*" behaftet erscheinen.

Doch nun zu den Illustrationen selbst!

I. a) Nicht selten greift der Frosch, wenn nur die Wirbelsäule getrennt, der Kopf aber nicht ganz entfernt wurde, „nach der Halswunde mit einem der Hinterfüfse, setzt seine Pfote gegen die oberen Lappen der Wunde, als ob er den Kopf vollständig vom Rumpfe losreifsen wollte"; indische Schweine sollen nach der Enthauptung „abwechselnd bald diese, bald jene Hinterpfote nach der Halswunde hinführen, um sich daran zu reiben"; auch junge Kätzchen reiben nach der Enthauptung die Halswunde. Kneift man die Pfote des enthaupteten Frosches, „so zieht er sie zurück; wiederholt man es, so versteckt er die Pfote unter den Bauch und kauert sich, als sei er in Furcht, in sich zusammen. Inkommodiert man das Tier intensiver mit Messer und Pincette, so greift es mit seiner Pfote dagegen, stöfst oder drückt die Gegenstände zurück und wehrt sie überhaupt ab" (S. 15 f., S. 26).

So machte die Rana arborea mehrmalige Versuche, das Instrument, womit ihre Kloake irritiert wurde, mit den Hinterbeinen zu entfernen. „Als ich einmal," erzählt Pflüger, „ein Brettchen auf dem Rücken des Fufsgelenks eines enthaupteten Frosches mit einem Bindfaden befestigte, um dasselbe zum Behufe eines Experimentes unbeweglich zu machen, stiefs mir das Tier mit der andern Hinterpfote fortwährend die Finger weg, streifte den Faden ab, und als ich endlich mit Mühe dennoch mein Vorhaben durchgesetzt hatte, gelang es seinen unablässig wiederholten Anstrengungen dennoch, den ganzen Apparat vom Fufse wegzustreifen."

Enthauptete Schildkröten, in ähnlicher Weise gereizt, verstecken sich in ihr Gehäuse.

Hatte sich der Frosch, als er mit der Pincette an einer bestimmten Stelle gekniffen wurde, mit Greif- und Stemmbewegungen gewehrt, so ergiebt die Reizung derselben Hautstelle durch ein Essigtröpfchen eine andere Änderungsanordnung: es wird dann der Fuſs auf die gereizte Hautstelle geführt und hin- und hergerieben.

Fr. Goltz (Beiträge zur Lehre von den Funktionen der Nervencentren des Frosches. Berlin 1869, S. 116) hat das Experiment in folgender Modifikation ausgeführt: er „zerbrach einer Anzahl geköpfter Frösche beide Oberschenkel, brachte sie in die Bauchlage und reizte bei jedem die Haut der Kreuzgegend unweit der Mittellinie durch Aufpinselung von Essigsäure. Fast alle trafen **trotz dieses störenden Eingriffs** mit dem Fuſse der zerbrochenen Gliedmaſse die geätzte Stelle". Denselben Erfolg hatte der Versuch bei einem enthaupteten Frosch, dem der Oberschenkel in erheblichem Maſse künstlich verkürzt worden war.

Eine geköpfte Kröte, über eine brennende Kerze gehalten, nahm, nachdem sie sich hin- und hergewandt, die Pincette, an welcher sie bei einem Vorderfuſs gehalten wurde, zum Stützpunkt, „um sich von der Flamme zu entfernen". Nähert man dem Schwanze eines Aales oder eines Erdsalamanders, welche durch einen Schnitt unterhalb der Medulla oblongata enthauptet worden sind, ein brennendes Hölzchen, so wird der Schwanz stets aus dem Bereich des Feuers gezogen; sogar der Schwanz für sich oder nur ein Schwanzstückchen kehrt sich vom herangebrachten Feuer ab. Dasselbe Phänomen wurde an jungen, in geeigneter Weise präparierten Kätzchen beobachtet: man sieht „auf das Allerdeutlichste und Bestimmteste, daſs der Schwanz dem von rechts genäherten Feuer ausweicht, nach links gebogen wird und, wenn man ihn weiter verfolgt, nach der linken Seite des Körpers angezogen wird, wie das die Katzen gewöhnlich thun".

Streckt man beim enthaupteten Frosch den Schenkel, den er an den Leib gezogen hält, aus, so zieht ihn das Tier fast immer wieder an den Leib an; die enthauptete Salamandra maculata führt früher oder später einen Fuſs in seine normale Lage zurück, aus der man ihn gebracht hatte. „Rückt man den kurzen und normal stehenden Hinterfuſs ein wenig zurück und zwar in der Weise, daſs das dorsum pedis den Boden berührt, die planta nach oben sieht, so wird das Tierchen diese Stellung nicht beibehalten, sondern den Fuſs wieder in die gewöhnliche Lage zurückbringen". Legt man geköpfte Erdsalamander und Aale auf den Rücken und läſst einen geeigneten Reiz einwirken, so erheben sie sich wieder auf den Bauch; dasselbe unter denselben Bedingungen thut sogar noch ein „Stückchen Tier, welches aus zwei Beinen und einem Schwanze besteht". Noch mehr! Dies Stückchen Tier sucht das Gleichgewicht zu erhalten: „man sieht dann, wie der Tierteil seine Hinterbeinchen weit auseinander stellt, wenn man ihn nochmals reizt, um zu sehen, ob er sich nun auch wohl wieder vom Bauche auf den Rücken legen werde, und wie er bei den Schmerzensbewegungen bemüht ist, das Gleichgewicht zu erhalten". (Pf., S. 15, 20 f., 23, 114 f. und 119.)

Durchschneidet man dem Männchen einer Frosch-Art (Rana temporaria), welches, in der Begattung begriffen, das Weibchen fest umschlossen hält, das Rückenmark zwischen dem Atlas und dem zweiten Wirbel durch, so läfst er deshalb das Weibchen nicht los; versucht man nun dasselbe sanft aus seinen Armen zu ziehen, „so umfafst er sie nur noch fester und prefst seine Arme unter den ihrigen tief in ihre Brust ein. Wird nun etwas Essigsäure auf einen seiner Arme getupft, so läfst er mit diesem Arme los, während der andere das Weibchen hält und putzt mit dem Hinterfufse derselben Seite die ätzende Substanz ab. Hierauf aber umfafst er wiederum sein Weibchen wie früher mit beiden Armen". (Pf., S. 17.)

b) Hat man den Erdsalamandern die medulla oblongata gelassen, so stehen sie, auf den Rücken gelegt, von selbst wieder auf; Frösche, welche nur noch das Kleinhirn, das verlängerte Mark und das Rückenmark besitzen, drehen sich im selben Fall ebenso in die Bauchlage alsbald zurück und thun dies selbst unter erschwerenden Umständen, wie z. B. wenn eine hintere Gliedmafse an den Rumpf festgenäht wurde. (Pflüger, a. a. O. S. 22, Goltz, a. a. O. S. 74 f.)

W. Wundt erwähnt bei Gelegenheit seines Berichtes (a. a. O. Bd. II, S. 495) über die Bewegungen teilweis enthirnter Tiere, dafs Vögel, deren Hirnlappen entfernt wurden, sich auch dann und wann — scheinbar spontan — die Federn putzten, und fügt hinzu: „Es ist aber kaum zu zweifeln, dafs solche Bewegungen in jenen Hautreizen ihren Grund haben, die auch bei dem unverstümmelten Tier die gleichen Bewegungen herbeiführen".

Besonders frappant für Jeden, der ihn zum ersten Male sieht, ist der folgende Versuch, den gleichfalls Goltz zuerst ausgeführt hat (vgl. a. a. O. S. 71 f.): der des Grofshirns beraubte Frosch wird auf ein Brett oder, einfach, auf die flache Hand gesetzt und diese Unterlage dann so weit geneigt, dafs das Tier in Gefahr gerät, herabzugleiten. Der Frosch „bückt dann zunächst den Kopf ganz nach vorn über und nähert dadurch den Schwerpunkt seines Körpers der Unterstützungsfläche". Bei weiterer Drehung kriecht das Tier die schiefe Ebene hinan, kommt dann auf die Kante des Brettes oder der Hand zu sitzen und schliefslich, wenn das Brett oder die Hand so weit gedreht sind, dafs diejenige Fläche, welche ursprünglich nach oben gewandt war, jetzt nach unten gekehrt ist, befindet er sich auf der ehemals unteren, jetzt oberen Seite, bez. auf dem Handrücken.

Der grofshirnlose Frosch hält also „mit grofsem Geschick selbst in mifslicher Lage" das Gleichgewicht fest; und er braucht „zur Ausführung der eben geschilderten Balancierkünste" nicht einmal das Sehvermögen, wohl aber bedürfen „die in den Vierhügeln gelegenen Centren für die Erhaltung des Gleichgewichts", um mit Erfolg thätig sein zu können, noch „der durch den Tastsinn der Haut vermittelten

Erregungen. Die Fähigkeit, das Gleichgewicht zu behaupten, geht daher sogleich verloren, wenn man dem Tier z. B. die Haut von den hinteren Gliedmafsen abzieht." (A. a. O. S. 74.) — Wird übrigens die Drehung der Unterstützungsfläche so hastig ausgeführt, „dafs das Tier in den Bemühungen, das Gleichgewicht zu behaupten, nicht zu folgen vermag, so springt es davon".

In analoger Weise erhalten auch Tauben ohne Grofshirn das Gleichgewicht. Nach dem Bericht ROSENTHALS (Centralblatt für die medic. Wissenschaften 1868, N. 47; citiert bei GOLTZ a. a. O. S. 97 f.) ging eine von ihm operierte Taube, „auf einen langen Tisch gesetzt, in gerader Linie bis an den Rand desselben. Dort angelangt, und sowie sie einen Fufs in die leere Luft gesetzt hatte, begann sie mit den Flügeln zu schlagen und sich so lange hin und her zu bewegen, bis sie wieder mit beiden Beinen auf dem Tische stand. Sie machte dann ihren Spaziergang bis an das andere Ende des Tisches, um dort dasselbe Spiel zu erneuern, und so fort eine Stunde und länger mit der gröfsten Regelmäfsigkeit . . . . Ich setzte die Taube vorsichtig auf einen horizontal gehaltenen Finger, auf welchem sie sitzen blieb, den Finger mit ihren Krallen umklammernd, wie Vögel auf Stangen und Zweigen zu sitzen pflegen. Sobald ich aber den Finger um seine Achse drehte, so dafs der Kopf des Tieres sich neigte, begann die Taube mit den Flügeln zu schlagen, und so vor dem Falle sich schützend, setzte sie sich auf den gedrehten Finger immer wieder zurecht . . ."

II. a) In den angeführten Fällen haben wir relativ einfache Änderungsreihen, deren Anfangsglied eine von der Peripherie aus gesetzte Änderung des normalen Verhaltens des centralen nervösen Systems darstellt; deren Endglied gebildet wird durch die Aufhebung jenes Anfangsgliedes vermöge Entfernung ihrer Bedingung (Wegputzen der Säure, Fortstofsen der Pincette, Zurückweichen vor dem Feuer, Wiederherstellung der gewohnten Lage, bez. des Gleichgewichts u. s. f.); während eben jene Bewegungen die Mittelglieder bilden. Diese Änderungsreihen lassen sich aber darum als relativ einfache bezeichnen, weil die Reihe jener Mittelglieder in relativ einfacher Weise abläuft. Die folgenden Fälle mögen einige kompliziertere Reihen zeigen, in denen das niedere nervöse System — Erhaltung der Funktionsfähigkeit überhaupt vorausgesetzt — von geübteren zu minder geübten und von einfacheren zu minder einfachen Änderungen so lange übergeht, bis die Anfangsänderung aufgehoben ist.

Ein Frosch ist unterhalb der Medulla oblongata enthauptet worden und eine Hautstelle dicht über dem Condylus internus femoris wird durch Applikation eines Tröpfchens Essigsäure gereizt. „Die Folge ist: dafs der Frosch das gereizte Bein beugt, das andere streckt, sodafs der Körper etwas nach dem gestreckten Beine hinübergezogen wird. Indem nun der Fuſs des gereizten Schenkels mit dem dorsum der Zehen gegen die irritierte Hautstelle geführt wird, putzt er, mit diesem dorsum hin und her streichend, die corrodierende Substanz ab, da der Fuſs fortwährend abduciert und adduciert wird." Um zu sehen, was geschehen werde, wenn „die alte Bewegung das Abwischen nicht mehr erzielen kann", schnitt Pflüger bei einem andern, in gleicher Weise behandelten Frosch den Unterschenkel ab. Zuerst erfolgten die Bewegungen des alten nächstliegenden Mittels: es wird, „wenn man die kleine Hautstelle über dem Condylus internus femoris reizt, der gereizte Schenkel gebeugt, das nicht gereizte Bein gestreckt und der Stumpf des Unterschenkels in einer Weise bewegt, die es unzweifelhaft macht, daſs man bis hierher dieselbe Erscheinung wie früher vor sich hat". Diese Bewegungsversuche führen nun aber nicht zum Ziele, während der applizierte Reiz bleibt — und jetzt geht das niedere System zu neuen komplizierteren Bewegungen über: die Bewegungen werden im allgemeinen „unruhig", „verschiedene" Bewegungen werden „zwecklos" ausgeführt; bis dann endlich, was „ziemlich oft" der Fall ist, eine Bewegung wirklich Erfolg gehabt hat. Zuweilen geschieht das in der Weise, daſs der Frosch „den gereizten Schenkel viel stärker beugt als vorher, da er den Unterschenkel noch besaſs, sodaſs nun, nachdem der Rumpf selbst etwas vorwärts gebeugt worden, der gereizte Schenkel, welcher auſserdem noch nach auſsen rotiert ist, an der Seitenfläche des Rumpfes abgewischt werden kann". In anderen Fällen ist der Übergang zu andersartigen und „ungewohnteren" Bewegungen noch auffälliger: das gereizte Bein (dessen Unterschenkel also amputiert ist) wird gestreckt, der nicht gereizte Schenkel dagegen mäſsig gebeugt und adduziert — und schlieſslich mit der Sohle des adduzierten Fuſses die ätzende Säure vom gereizten Schenkel abgewischt. „Wie man sieht," sagt Pflüger, „sind diese und die vorhergehende (sc.: die ursprüngliche, alte) Bewegung vollständig von einander verschieden. Bei der vorhergehenden Bewegung war Flexion des gereizten, Extension des nicht gereizten vorhanden; bei dieser gerade das Gegenteil, nämlich Extension des gereizten und Flexion des nicht gereizten Beines, obgleich nur eine Hautstelle bei beiden Bewegungen gereizt worden war."

Eine weitere Illustration bietet das folgende Experiment, welches Pflüger selbst als eine Modifikation des obigen bezeichnet. — Ein geköpfter Frosch wird auf den Bauch gelegt und längs der Rückenhaut auf der rechten oder linken Seite mit der Säure gereizt. Rechts gereizt, greift er mit den Zehen des rechten Fuſses auf en Rücken und wischt die Säure ab; links gereizt, geschieht dasselbe mit dem linken Fuſs. Nun wird ein Bein des enthaupteten 'rosches abgeschnitten — nehmen wir an, es sei das rechte. Venn jetzt die ätzende Substanz gleichfalls längs des rechten 'eils der Rückenhaut angebracht wird, „übernimmt der linke

Schenkel das Wegwischen der auf der rechten Rückenhälfte befindlichen Säure." (PF., S. 124 ff.)

b) Ein Experiment derselben Art, wie sie PFLÜGER an enthaupteten Fröschen anstellte und wir sie soeben referierten, führte er auch an einem **schlafenden** dreijährigen Knaben mit demselben Erfolg aus: auf ein Kitzeln des **rechten** Nasenloches hatte das Kind sein **rechtes** Händchen erhoben und „gleichsam" eine abwehrende Bewegung gegen den Experimentator gemacht, sodann aber sein rechtes Nasenloch gerieben; beim Kitzeln des **linken** Nasenloches wurde die **linke** Hand genommen. Nun legte PFLÜGER beide Arme des auf dem Rücken schlafenden Kindes leise neben den Körper und verhinderte in vorsichtiger Weise, dafs der linke Arm nach dem Gesicht geführt werden könnte. Jetzt wurde wieder das **linke** Nasenloch des Kleinen gekitzelt: und sofort wurde nun auch zunächst wieder der **linke** Arm bewegt, der diesmal freilich die gereizte Stelle nicht erreichen konnte. Der Knabe verzog da Gesicht und brachte dann, da der Reiz blieb, sehr schnell die andere also **rechte** Hand zu dem **linken** Nasenloch, das sie zu drücken suchte. (PF., S. 134 f.)

c) Die folgende Variation des Experimentes am Frosch ist von AUERBACH mitgeteilt und von GOLTZ reproduziert (AUERBACH in GÜNSBURGS Zeitschrift für klinische Medicin, Jahrgang IV, Heft IV, S. 487; GOLTZ a. a. O. S. 111 f. — Vgl. auch WUNDT a. a. O. S. 490).

Der enthauptete Frosch ist auf den Rücken gelegt und die Haut über einer Wade oder die Plantarseite des Tarsus benetzt worden: das Tier streckt beide Beine aus, nähert sie zugleich gegen einander und reibt ihre unteren Partieen mit den Plantarseiten aneinander durch alternierende Beuge- und Streckbewegungen. Nun befestigte AUERBACH den geköpften Frosch auf dem Rücken, erfafste „einen, z. B. den linken Fufs, streckte das Bein im Knie- und Fufsgelenk, hob es durch Flexion im Hüftgelenk bis beinahe zu senkrechter Richtung und spreizte es zugleich durch Abduktion nach aussen. Das Tier strebte kräftig sich loszuarbeiten, aber ich hielt den Fufs fest und betupfte die oben bezeichnete Stelle mit Schwefelsäure ... In der ersten Hast verfehlte in der That das Tier die gereizte Stelle; sehr bald aber richtete es das Bein mehr in die Höhe, führte es zugleich weit nach der linken Seite hinüber und erreichte so die schmerzende Gegend, welche dann in dieser ungewöhnlichen Stellung gerieben wurde".

Die beiden nächsten Versuche sind wieder von GOLTZ selbst und mögen unverkürzt mit seinen eigenen Worten berichtet werden (a. a. O. S. 118 f. u. S. 123 f.; für die Erklärung, welche GOLTZ von diesem „Wechsel der Bewegungen" giebt, mufs ich auf sein Schriftchen selbst verweisen):

„Ich nagle den Rumpf eines geköpften Frosches auf einem

Brette in der Bauchlage fest. Auch die Arme werden auf der Unterlage unbeweglich fixirt. Hierauf nähe ich die Haut über der Achillessehne des rechten Beines zusammen mit der Achillessehne des linken Fufses. Wenn ich nunmehr den linken Fufs irgendwo auf dem Brette festnagle, so wird dadurch zugleich das mit ihm verbundene rechte Bein fixirt. Je nach der Stelle, an welcher ich den linken Fufs befestige, wird die Winkelstellung des rechten Hüftgelenks und Kniegelenks bestimmt werden. Ich nagelte nun den linken Fufs so fest, dafs das rechte Bein folgende fixirte Lagerung erhielt. Die Achse des rechten Oberschenkels bildete mit der Mittellinie des Rumpfes einen Winkel von 90 Grad. Oberschenkel und Unterschenkel waren im Kniegelenk so genähert, dafs ein Winkel von 70 Grad entstand. Auf solche Weise war das ganze Tier in der angegebenen Stellung unbeweglich gemacht, bis auf den rechten Fufs, welcher im Fufsgelenk frei beweglich blieb. Jetzt pinselte ich auf die Haut der Kreuzgegend rechts von der Mittellinie etwas Essigsäure auf. Wenn ich dieselbe Stelle bei einem Tier mit ungefesselter Gliedmafse reize, so wird das Bein im Hüftgelenk und Kniegelenk stark gebeugt und der Fufs erreicht durch Dorsalflexion im Fufsgelenk leicht die geätzte Stelle. In unserem Falle sind Hüftgelenk und Kniegelenk in ungünstigen Winkelstellungen fixirt. Wenn das Tier, sagte ich mir, in dem ihm einzig freigelassenen Fufsgelenk nur die Bewegung ausführt, welche es bei vollkommen freiem Gebrauch der Gliedmafse machen würde, so kann es nimmermehr die geätzte Stelle erreichen. Was geschieht aber? Der rechte Fufs wird in eine ungewöhnlich verstärkte Dorsalflexion gebracht, und da diese noch nicht zureicht, um die Zehenspitzen an den gereizten Punkt zu führen, so werden die Zehen in Hyperextension gebracht. Der Fufs, welcher bei ungefesseltem Bein unter sonst gleichen Bedingungen gerade bleibt, wird so stark gebogen, dafs seine Dorsalfläche eine bedeutende Aushöhlung zeigt. Kurz, infolge der Fixierung der oberen Gelenke sehen wir als Ausgleichung eine ungewöhnliche zweckentsprechende Bewegung in allen Fufs- und Zehengelenken. Auf diese Weise gelangen die Spitzen der Zehen richtig bis zur geätzten Stelle, um dort unvollkommene Reibebewegungen auszuführen ...."

„Ich befestige den Rumpf eines geköpften Frosches in der Bauchlage, wie in dem vorigen Versuch, lasse aber beide Hinterbeine ungefesselt. Dann lagere ich jederseits die Oberschenkel des Tieres so, dafs ihre Achse mit der Mittellinie des Rumpfes einen Winkel von etwa 110 Grad bildet. Dicht neben der Haut der Kniekehle jederseits schlage ich in das Brett einen cylindrischen, weit hervorragenden Nagel senkrecht ein. Dieser Nagel darf die Haut des Tieres nicht verletzen. Hierauf bringe ich beide Kniegelenke in ganz spitzwinklige Beugung, sodafs jeder vorstehende Nagel von dem entsprechenden Schenkel umgriffen wird in derselben Weise, wie wir eine quer in die Kniekehle gelegte Stange umfassen, wenn wir die Wade dem Oberschenkel nähern. Das Tier verharrt ruhig in dieser Lage. Jetzt pinsele ich auf die Haut des äuſseren Knöchels und den äuſseren Fuſsrand beiderseits etwas Essigsäure. Die Bewegung, mit welcher der ungefesselte enthauptete Frosch auf diesen Eingriff zu antworten pflegt, ist oft beschrieben. Er nähert beide Füſse einander, sodaſs sie sich hinter dem Rumpf in der Verlängerung der Mittellinie des Tieres treffen, und reibt dann die Füſse gegeneinander. Auch in unserem Falle sehen wir diese Bewegung einleiten; aber es kann auf dem gewöhnlichen Wege eine Annäherung der beiden Füſse nicht erfolgen, weil die der Kniekehle jederseits anliegenden Nägel es nicht gestatten, das Bein auf dem geraden Wege nach hinten der Mittellinie zuzuführen. Obwohl zwecklos, dauern die zuckenden Bewegungen eine Weile fort, durch welche die Beine immer gegen die im Wege stehenden Nägel gedrückt werden. Der Frosch arbeitet gelegentlich auch mit den Füſsen an den Nägeln herum, als wenn er sie wegdrücken wollte. Da mit einem Male macht er mit den Oberschenkeln eine von der früheren ganz abweichende Bewegung. Er reiſst sie ganz nach vorn an den Leib, entfernt damit die Kniee von den Nägeln und kann nun frei von jeder Hemmung die Füſse zwischen den Nägeln aneinander reiben."

d) GOLTZ (a. a. O. S. 65 f.) setzte ferner vor Fröschen, die er des Groſshirns beraubt hatte, einen geeigneten Körper, z. B. ein Buch auf und reizte sie dann durch einen Stich in den rechten Oberschenkel. „Nach einigen Abwehrbewegungen und wiederholten Stichen springt oder kriecht das Tier weiter und vermeidet mit Sorgfalt das vorgesetzte Hindernis, indem es links umgangen wird". GOLTZ brachte nun das Tier in seine ursprüngliche Stellung zurück, stellte das Hindernis auf dem Wege auf, den der Frosch soeben gewählt hatte, und reizte das Tier „wiederum genau an derselben Körperstelle, und siehe da, er schlägt nunmehr einen ganz anderen Weg ein. Er wendet sich geradeaus und umkriecht das Hindernis auf der rechten Seite". Zuweilen sah GOLTZ sogar, „daſs das Tier, statt das Hindernis seitlich zu umgehen, mit einem gut abgeschätzten Sprunge über das niedrige Buch, welches ich ihm in den Weg gestellt hatte, hinwegsprang". GOLTZ nähte dann „einem des Groſshirns beraubten Frosche die rechte hintere Gliedmaſse so fest an den Rumpf an, daſs sie zur Fortbewegung ganz unbrauchbar" wurde, und auch jetzt derselbe Erfolg bei dem gleichen Versuch: „der den Gebrauch einer seiner wichtigsten Gliedmaſsen entbehrende Frosch umgeht kriechend den ihm in den Weg gelegten Körper. Er weiſs trotz des störenden Eingriffs in das Getriebe seiner Muskelapparate mit dem Reste der Kräfte, die ihm übrig geblieben, einen bestimmten Zweck, die Vermeidung eines Hindernisses, zu erreichen".

Zu den in unserem Sinn einfacheren Änderungen ist zu rechnen, dafs Frösche, denen GOLTZ aufser dem Grofshirn auch die Sehnerven abgeschnitten und die Luft vorsichtig aus den Lungen herausgedrückt hatte, vom Boden eines mit Wasser gefüllten Gefäfses infolge eingetretener Atmungshemmung („Atemnot") an die Oberfläche stiegen — nach längerer Zeit als ein zwar gleichfalls geblendeter, aber das Grofshirn noch besitzender Gefährte, aber doch „ganz in derselben Weise". Einen Übergang zu minder einfachen Änderungen erhielt nun GOLTZ durch eine Modifikation des Versuches, die er wie folgt beschreibt (a. a. O. S. 70): „In ein weites mit Wasser gefülltes Gefäfs stülpte ich eine gleichfalls mit Wasser gefüllte Flasche umgekehrt hinein, so dafs das Wasser in der Flasche durch den Druck der Atmosphäre gehalten wurde. Durch den nicht zu engen Hals der Flasche steckte ich nun von unten einen geblendeten Frosch hinein, ohne ihm die Luft auszudrücken. Das Tier steigt in der Flasche auf und berührt mit der Nase den Boden der Flasche. Nach einiger Zeit stellt sich das Atmungsbedürfnis bei ihm ein. Er tastet unruhig an den Wandungen der Flasche umher und findet schliefslich immer die Mündung der Flasche, um aus ihr zu entrinnen. Ich prüfe jetzt, wie sich ein grosshirnloser Frosch in ähnlicher mifslicher Lage verhalten werde. Der Fall verlief ganz ähnlich. Auch dieser fand nach einigem Umhertasten den Weg."

III. Einige Einzelheiten, welche bei diesen Versuchen sich herausstellten, dürften verdienen, im folgenden noch besonders erwähnt zu werden:

a) Seite 205, Zeile 15 ff. unseres Berichtes haben wir einen Fall, in welchem ein enthauptetes Tier einen sich gerade darbietenden Umstand als Mittel benutzt.

b) Seite 206, Zeile 3 ff. finden wir einen andern Fall, in welchem ein Mittel, das bereits einem „Zweck" dient, festgehalten wird.

c) In einem dritten Falle wird das Mittel getroffen, nachdem der Experimentator die Übung in der bestimmten Richtung (nur ein Mal) vermehrt hat. PFLÜGER berichtet (im Anschlufs an das S. 207 unten referierte Experiment): „Ist der Unterschenkel amputiert und hat man an die bestimmte Stelle dicht über den Condylus internus femoris ein Tröpfchen Essigsäure gebracht, so sieht man zuweilen an den unruhigen, suchenden Bewegungen des Tieres, dafs es das rechte Mittel nicht finden werde. Fafst man alsdann den Fufs des nicht gereizten Beines und drückt ihn gegen den gereizten Schenkel, ohne indessen die mit Essigsäure benetzte Stelle zu berühren, so wird der Frosch nun, wenn man ihn losläfst, sich den gezeigten Weg nehmen und den Fufs jetzt gegen die gereizte Stelle führen und sie abwischen."

d) In einem vierten Falle, über welchen SCHIFF (nach AUERBACH) referiert (Lehrbuch der Physiologie des Menschen. I. Lahr 1858—59, S. 218), wird ein bei einer späteren Gelegenheit entwickeltes Mittel noch nachträglich für eine von früher her bestehende „Reizung" in Anwendung gebracht: einem Frosch wird nach der Enthauptung und Amputation eines Schenkels ein Punkt der entsprechenden Rückenseite mit Essigsäure betupft. „Das Tier, des Gebrauches des entsprechenden Schenkels beraubt, wird sehr unruhig, und bleibt endlich, wie ermüdet, still liegen. Betupft man dann später eine Stelle auf der anderen Körperhälfte, so wischt sie das Tier mit dem Fufse ab, und nachdem dies geschehen, greift es plötzlich mit *demselben* Fufse nach der anderen Seite hinüber und reibt die *zuerst* betroffene Stelle, als sei ihm jetzt erst eingefallen, dafs es dies auch mit dem anderen Fufse, der eben in Thätigkeit war, thun könne."

e) Einen Einflufs sowohl positiver als negativer Einübung konstatiert auch WUNDT (a. a. O. Bd. II, S. 492). In positiver Hinsicht: „Der amputierte Frosch, nachdem er einmal das Bein der anderen Seite zur Entfernung der ätzenden Substanz gebraucht hat, macht in künftigen Fällen *leichter* die nämliche Bewegung wieder. Eine gewisse Einübung kann also hier augenscheinlich stattfinden". In negativer Hinsicht: „Läfst man bei den Versuchen, bei welchen der Ausführung einer bestimmten Bewegung absichtlich Hindernisse entgegengestellt sind, eine längere Zeit zwischen der Einwirkung der Reize verfliefsen, so sieht man immer wieder die nämlichen fruchtlosen Anstrengungen der endlich gelingenden richtigen Bewegung vorangehen, und in vielen Fällen kommt diese gar nicht zu Stande. Hier ist also der mechanisch erleichternde Einflufs der Übung schon wieder verloren gegangen."

Dafs übrigens auch ein „isolirtes Rückenmarkstück noch etwas zu *lernen* im Stande" sei, zeigen nach SCHIFF (a. a. O. S. 210) die Versuche von FLOURENS an Tritonen, denen er das Halsmark durchschnitten hatte (vorausgesetzt, dafs eine Wiederverwachsung wirklich nicht eingetreten war): die Tiere bewegten „nach mehreren Wochen und noch mehr nach Monaten die Hinterfüfse viel regelmäfsiger als im Anfange".

f) Einen Einflufs der Reizgeschwindigkeit illustriert — nach WUNDT — der folgende von GOLTZ ausgeführte Versuch (WUNDT, a. a. O. S. 493 Anm.; GOLTZ, a. a. O. S. 127 ff.).

Es werden zwei Frösche, von denen der eine enthauptet, der andere nur geblendet ist, in ein Gefäfs gesetzt, das so weit mit Wasser gefüllt wird, dafs nur ein kleiner Teil der Tiere daraus hervorragt; dann wird das Wasser allmählich erhitzt. Bis zu einer Temperatur von 25^0 C. bleiben beide Frösche ruhig sitzen; von da an wird dem behirnten Frosch unbehaglich — er fängt an schneller zu atmen, schwimmt immer ängstlicher hin und her und sucht bald durch Auftauchen, bald durch Untertauchen, weiterhin durch „verzweifelte Sprünge" der Pein zu entrinnen, bis er endlich — die Hitze ist inzwischen auf etwa 42^0 gestiegen — bei aussetzender

Atmung, unter wilden Schmerzensäufserungen und tetanischen Krämpfen, verendet. Mittlerweile sitzt der geköpfte Frosch auf dem Boden ohne jede Bewegung, ohne jede Schmerzensäufserung; nur als die aus dem Wasser hervorragende Rückenhautstelle mit ein wenig Essigsäure bepinselt wird, führt er „wohl gezielt, sicher und schnell" „mit dem Hinterfufs die zweckmäfsige Bewegung des Fortwischens aus, und führt darauf wieder die Pfote sorgfältig an den früheren bequemen Ort zurück". Dann sitzt er wieder regungslos da, bis zuletzt die Wärmestarre der Muskeln das Tier nach vornüber krümmt — „der Geköpfte ist ... ohne weiter ein Lebenszeichen von sich zu geben, zur Leiche geworden". Seinem Referat fügt WUNDT die Bemerkung hinzu: „Dieser Versuch zeigt sehr deutlich, wie der Mechanismus des Rückenmarks gemäfs dem allgemeinen Gesetz der Nervenerregung nur auf solche Reize reagiert, die mit einer gewissen Geschwindigkeit einwirken, während ein allmählich anwachsender Reiz völlig wirkungslos bleibt".

g) Ein Fall, wo der Aufhebung einer ursprünglichen Änderungsbedingung die Bedeutung einer neuen Änderungsbedingung zukommen kann, findet sich unter den GOLTZ'schen Versuchen, welche die „reflektorische Erregung der Stimme des Frosches" betreffen. GOLTZ hatte die Entdeckung gemacht, dafs Frösche, denen er durch geeignete Schnitte den Zusammenhang zwischen dem Grofshirn und dem übrigen Gehirn getrennt hatte, durch eine Erregung der Rückenhaut zum Quaken gebracht werden. Er berichtet u. a. (a. a. O. S. 5): „Übt man einen dauernden Druck auf den Rücken eines des Grofshirns beraubten Frosches aus, beschwert man z. B. das Tier mit einem nicht allzu schweren Körper, so quakt es eine ganze Weile fort, bis es sich beruhigt. Nimmt man ihm jetzt, nachdem es eine Zeitlang geschwiegen, die Last ab, so quakt es in der Regel noch einmal auf. Die Entfernung eines gewohnt gewordenen Reizes wirkt wie ein neuer Reiz".

h) S. 205, Z. 1 ff. haben wir einen Fall von Abhängigkeit der Bewegungsform von der „Form der Reizung". GOLTZ macht gelegentlich des soeben erwähnten Quakversuchs die Bemerkung (a. a. O. S. 4 f.; vergl. S. 62): „Wie angegeben, kann man das Quaken nur von der Rückenhaut aus hervorlocken und zwar durch jene eigentümliche mechanische Erregung, wie sie leichte Berührung und Druck oder Streichen der Haut mit sich bringt. Selbstverständlich kann man statt der Finger jeden beliebigen anderen glatten abgerundeten Körper zur Erregung der Haut benutzen. Aber nicht jede Form der mechanischen Erregung ist geeignet, das Quaken zu bewirken. Wenn ich dem Tier mit einem spitzen Werkzeug auf den Rücken drücke oder kratze, so macht es Abwehrungsbewegungen, schreit aber nicht. Ebensowenig vermag chemische Reizung das Quaken auszulösen. Bepinsele ich den Rücken des Tieres mit verdünnter Essigsäure, so macht der Frosch die bekannten Wischbewegungen, giebt aber keinen Laut von sich. Auch elektrische Erregung der Rückenhaut erweist sich als wirkungslos. Das Tier schleudert die Elektroden fort, ohne zu schreien. Also nur eine ganz bestimmte Form der mechanischen Reizung löst das Quaken aus, nämlich Druck oder Streichen der Rückenhaut mit einem Körper, der eine glatte Oberfläche hat."

i) Betrifft das Gesagte die „Reizungsform", so geht die folgende Bemerkung desselben Autors auf den Einfluſs der „Reizstärke" bei dem groſshirnlosen Frosch (a. a. O. S. 59): „Berührt man das Tier irgendwo leise, so macht es meistens gar keine Bewegung. Wird es stärker angefaſst, gekniffen oder gestochen, so folgen die bekannten Abwehrbewegungen. Wirkt der Reiz noch kräftiger, so sieht man Fortbewegungen des ganzen Körpers, und zwar ist diese eine **kriechende**, wenn der Reiz minder mächtig war. Ist der Reiz sehr stark oder wird er oft wiederholt, so **springt** das Tier in Sätzen davon.

Mitunter kann man die Gesetzmäſsigkeit, mit der die verschiedenen Bewegungsakte je nach der Stärke des Reizes aufeinander folgen, sehr deutlich nachweisen. Berührt man bei dem des Groſshirns beraubten Frosch die Hornhaut des Auges mit einer Staarnadel, so ist die erste und nächste Bewegung, mit der er antwortet, die, daſs er das Augenlid schlieſst. Wiederholt man mehrmals hintereinander dieselbe Reizung, wobei man nicht Rücksicht darauf nimmt, ob man das Auge selbst oder das Lid trifft, so schlägt das Tier die Nadel mit dem Vorderfuſs derselben Seite fort. Das ist die zweite Form der Bewegung, womit er antwortet. Bei fortgesetzter und intensiverer Miſshandlung des Auges wendet er den Kopf und den oberen Teil des Rumpfes nach der entgegengesetzten Seite hinüber, und endlich, wenn der Reiz oft wiederholt und verstärkt wird, bewegt sich das Tier vom Platze. Nicht immer wird die Reihenfolge dieser vier Bewegungsakte genau eingehalten, aber bei manchen Tieren war die Regelmäſsigkeit in der Abänderung derselben eine überraschende. Z. B. schlug ein solcher Frosch immer die Nadel mit der Vorderpfote weg, wenn ich ihm das Auge dreimal berührt hatte. Die beiden ersten Male antwortete er einfach mit Lidschluſs."

Auch B. LUCHSINGER hat Versuche über den Einfluſs der Reizstärke auf die Bewegungsformen Enthaupteter angestellt und die Resultate in PFLÜGERS Archiv für die gesamte Physiologie, Bonn 1880, Bd. XXII u. XXIII, veröffentlicht. In Bezug auf die gekreuzten Reflexe (welche er durch „eingeschliffene" Bahnen des Rückenmarks erklärt, wie sie z. T. angeboren sind, z. T. durch Übung erworben werden) sagt dieser Autor ganz allgemein (Bd. XXII, S. 180): „Die gekreuzten Reflexe sind nicht an bestimmte Reize gebunden, milde Reize jeglicher Art lösen sie aus; bei stärkerem Reize aber entstehen auch pathische Reflexe, diese können die gekreuzten verwischen". Sodann im besonderen (B. XXIII, S. 309 ff.): „Köpft man einen Triton und hängt ihn an einem Stativ frei schwebend in die Luft, so sieht man auf leise mechanische Reizung des Schwanzes denselben sich nach dem reizenden Punkte zuwenden, sticht man aber mit der Spitze des Messers nach ihm, so weicht er in bekannter Weise dem Reize aus. In gleicher Art, nur weniger leicht, gelingt der Versuch am Molch, an der Eidechse, am Aal; aber er gelingt auch an der Natter. Eine Schlingnatter wurde geköpft. Sanftes Streicheln des Schwanzes läfst denselben sich dem Reize zuwenden; Stechen, noch mehr Anglühen aber rufen ein Wegwenden des Schwanzes hervor . . . . In seinen berühmten Versuchen am Aalschwanz sah Pflüger unter normalen Bedingungen stets nur ein Ausweichen des Schwanzes; andererseits nahm aber Tiegel bei Schlangen stets nur ein Zuwenden des Schwanzes wahr. Unsere Versuche versöhnen jene scheinbaren Widersprüche, indem sie die verschiedenen Resultate dieser Forscher auf eine verschiedene Reizstärke zurückführen. Diesen verschiedenen Reizstärken aber weifs das normale Rückenmark in verschiedener, aber jedesmal zweckmäfsiger Weise zu antworten. Schwachen Reizen entspricht ein Annähern des Schwanzes, also beim intakten Tier auch ein Annähern des ganzen Tieres. Starken Reizen aber wird mit Abwenden des Schwanzes, einem Fluchtsymptom des normalen Tieres entgegnet. Die Taxation der Reizstärke aber wird von dem Rückenmarke verschiedener Tiere in verschiedener Weise besorgt. Was für eine Tierart ein starker Reiz, kann noch als schwach für eine andere gelten . . . Hat man einem Frosch das Grofshirn oder auch noch dazu das Mittelhirn entfernt, so kann er sich bekanntlich, auf den Rücken gelegt, immer wieder in die Bauchlage drehen. Legt man ihn derb auf den Rücken, so wendet er sich sofort um; legt man ihn aber behutsam auf eine glatte Unterlage und läfst nur sehr allmählich die Hand los, so kann er lange Zeit in der abnormen Lage verweilen. Erst ein hinzutretender Reiz vermag ihn zur Umkehr zu wecken. Diese Umdrehung kann aber auf zweierlei Art geschehen und wird dies von der Stärke und Richtung des angewandten Reizes abhängen. In der That, streicheln wir irgend einen Punkt des Rumpfes, am besten das Vorderbein, leise, so sehen wir das Tier sich dem Reize zuwenden, und geschieht die Drehung in der Weise, dafs die Bauchfläche sich dem Reiz zukehrt. Nähern wir uns aber dem hirnlosen Tier von der Seite mit einem brennenden Zündhölzchen, so geschieht die Umkehr in entgegengesetzter Richtung, wendet sich die Bauchfläche des Tieres von dem Reize weg. Entsprechend dem verschiedenen Ziel ist die erforderliche Muskelaktion auch eine verschiedene. Beim Zuwenden ist wesentlich das Hinterbein der andern, beim Wegwenden aber das Hinterbein der gleichen Seite beteiligt. Also auch hier sehen wir, wie bei dem Versuche am Schwanzmark, ein verschiedenes Verhalten des enthirnten Nervensystems gegen äufsere Reize. — Ganz analoges Verhalten zeigten andere Tiere, so Triton und Alpenmolch.

Es weifs auch das ‚entseelte' Tier sich äufserst passend nach den äufseren Umständen zu richten."

IV. Schon aus den angeführten Fällen ergiebt sich, dafs je höher organisiert das beanspruchte nervöse System ist, desto höherwertige Änderungsreihen mit wohlbestimmbaren Anfangs-, Mittel- und Endgliedern können wir es entwickelnd denken (vgl. die Fälle unter I, a mit denen unter I, b). Unsere angegebene methodologische Forderung bedeutet also schliefslich nicht mehr, als dafs wir das höchst organisierte nervöse System zur Setzung solcher Änderungsreihen höchsten Ranges befähigt denken möchten — und zwar dieses *nervöse System* als solches: ohne „Bewufstsein", wenngleich unter diejenigen vorzüglicheren physiologischen Bedingungen gestellt, unter welchen seine Änderungen als *mit* „Bewufstsein" verlaufend von der Physiologie angenommen zu werden pflegen. Diejenigen Leser, welche auch darin bereits geübt sind, gewisse pathologische Zustände als „bewufstlose" zu denken, seien übrigens an ganze Gruppen von Fällen erinnert, in denen Änderungsreihen höheren Ranges gesetzt erscheinen: an die „zweckmäfsigen Handlungen" während des epileptischen Anfalles, in gewissen hypnotischen Zuständen und bei eigentlichen Gehirnläsionen.

Ich schliefse diese bereits allzu umfangreich geratene Anmerkung mit einem Wort Spinoza's (Eth. III, prop. II, Schol.): „Etenim quid corpus possit, nemo hucusque determinavit, hoc est, neminem hucusque experientia docuit, quid corpus ex solis legibus naturae, quatenus corporea tantum consideratur, possit agere, et quid non possit, nisi a mente determinetur."

8. (S. 191, n. 414). M. W. Drobisch, Neue Darstellung der Logik[4]. Leipzig 1875. S. 190, § 151.

www.ingramcontent.com/pod-product-compliance
Lightning Source LLC
Chambersburg PA
CBHW072151290426
44111CB00012B/2030